人格心理学

大山泰宏

（改訂新版）人格心理学（'15）

©2015　大山泰宏

装丁・ブックデザイン：畑中　猛

s-51

まえがき

　私的な思いからこのまえがきを始めることをお許しいただきたい。筆者が放送大学において「人格心理学」を担当するのは，これで２期目である。６年前の2009年に，ラジオ番組「人格心理学 '09」を制作し，また本書の前版である『新版・人格心理学』を執筆したとき，私なりの「人格心理学」を公表してみようという，気負いと思いがあった。

　人格心理学は，心理学の中でも諸分野が交わる総合的な領域である。臨床心理学，発達心理学，社会心理学などの分野が重なり合って語られる。しかも単なる応用領域に留まらず，固有の専門性をもつ分野でもある。日本では，人格心理学に関する学会としては，パーソナリティ心理学会があり，パーソナリティに関する融合的かつ精密な研究が展開されている。いっぽう私といえば，正確にいえばパーソナリティ心理学の専門家ではなく，臨床心理学と心理療法の専門家である。広範囲にわたる人格心理学の中では，実証的に人格の研究をしていくというより，心理療法の実践を糸口としてパーソナリティと人間の心の探究をおこなっている者である。

　こうした私が，どのような「人格心理学」を語ることができるのかということは，迷いであったと同時に，チャレンジングでもあった。パーソナリティ心理学の，ごく基礎的なことは押さえつつも，思い切って私が心理療法の中でふだん感じたり考えたりしていることを盛り込むことにした。また，単なる知識を伝達することではなく，先人達が人間を前にして取り組んだ，その軌跡を辿り，先人の背中を見ることで，私たちが現代において，人間についてあるいは自分自身について考えていくための知恵とまなざしを学べるようにとの願いで，構成と内容を組み立てた。近年一般的となっている「パーソナリティ」という学術用語は敢えて使用せず，私たちの日常語でもある「人格」という言葉にこだわった。

できあがったのは，言ってみれば奇怪な「人格心理学」であった。とても，パーソナリティ心理学の基礎となりうる模範的な本でないばかりか，心理学でカヴァーする範囲を相当に越え，私がかつて学生時代に専攻していた哲学や思想史への興味が色濃くにじみ出てしまったものとなった。いろんな意味で，私が提供する「人格心理学」は，中途半端なものであった。パーソナリティ心理学の標準でもなく，臨床心理学としてもいまひとつ深めていく作業の半ばに留まり，哲学・思想史としては専門家からみれば学術的厳密性に欠けるものであろう。

　しかしながら，こうした試みは，私の中の必然に従って出てきたものであった。放送大学の人格心理学は，共通科目に属するものである。すなわち，大学の教育課程でいえば，心理学の専門科目ではなく，教養教育科目に属するものである。そこでの学修として望むことは，心理学の知識を得ることではなく，人文諸科学の有機的連関を理解することであり，人間について考えることである。混迷を極める現代の社会の中で，自分自身や身近な人，そして人類の幸福について考えることである。心理学としての専門に分化する以前に，高等教育段階として学ぶべきことを，どのように心理学の立場から提示することができるかが，大学人としての私の良心に従うことでもあった。「人格心理学'09」を通じて少なくとも問題意識としては提示できたように感じている。前科目が開講されていた6年間のうちに，多くの方から感想をいただいた。この科目を履修した学生さんであったり，心理学の研究者であったり，あるいはOCW（オープンコースウェア）に公開されたラジオ講義を聴いてくださった方から等であった。それらはいずれも，この科目に込めた私の思いに共感してくださる，励ましとなる言葉であった。もちろん，私の耳には届かないにしても，心理学の各専門分野の方々からは，この講義の冒険に対しては厳しい批判のご意見もあったかもしれない。

　いずれにしても，おかげさまで「人格心理学'09」は，2015年度からテレビ科目「人格心理学」として，装いも新たに開講されることとなっ

た。せっかくの機会であるので,「人格心理学'09」とは異なる内容を展開してみたいとも思った。しかしながら,いざ旧版を読み返し,新たに構成を考えてみたところ,この6年間を通じて,私のこの科目に込めたい思いと内容には,殆ど変化がないことに気がついた。この6年間に自分に進歩がなかったと言えばそれまでであるが,それ以上に,すでにこの人格心理学に盛り込んだことは,私のライフワークの重要な到達点の一つであったのだということを確信した。新たに編み直した本書『改訂新版・人格心理学』も,旧版の構成をほぼ踏襲したものとなっている。しかしながら,その記述に関してはより厳密性を期し,また私の心理療法・臨床心理学の実践と研究から得られた知見を盛り込み,旧版よりさらに完成度の高いものとするよう努力したつもりである。

　本書を執筆するにあたり,編集担当の近藤建彦さんには,言葉に尽くせないほどお世話になった。旧版より今回の版のほうが,読みやすく魅力的なものになっているとしたら,それはひとえに,近藤建彦さんのご尽力によるものである。

　また,この科目をテレビ放送科目にすることを推薦しご尽力くださった,放送大学の小野けい子先生に,深く感謝を申し上げたい。さらに,FA(フレンドリー・アドバイス)の制度により,本書の原稿すべてに丁寧に目を通し,大変適切なコメントと修正をくださった匿名の先生にも,思いを申し上げたい。こうした方々のご協力なしには,執筆できなかったものである。人が生き,そして表現していくということには,多くの人々から支えられてこそできることであることを,改めて感じさせられた。こうして私が受けてきたものを伝えつつ,本書が読者・学生諸氏の学びを,何らかの形で支えるものになることがあれば,幸いである。

2014年10月
大山泰宏

目次

まえがき　　3

1 ｜ 人格心理学を始めるにあたって　　9

　1．人格心理学の位置づけ　9
　2．人格という概念の定義　12
　3．人格という概念の歴史を辿ることで見えてくること　16

2 ｜ 人格を理解する観点と理論　　22

　1．人格理解の方法　22
　2．類型論と特性論　24
　3．人格の力動論　32

3 ｜ 人格を映し出す──心理査定　　41

　1．観察法と面接法　41
　2．人格検査法　43
　3．人格を理解するということ　54

4 ｜ 人格理論の多様性　　58

　1．状況論的な人格理論　58
　2．脳科学からみた人格　62
　3．構成主義からみた人格とジェンダー　67

5 ｜ 人格と集団の心理　　76

　1．対人スキーマと印象形成　77
　2．意見や態度の形成　79
　3．人が理性を失うとき　83

6 | 人格のはじまり　89

1．遺伝と環境　89

2．情動と調律　95

3．愛着の理論　102

7 | 人格の育ち　110

1．最早期記憶と「わたし」　110

2．エディプスコンプレックス　113

3．自我体験と前思春期　118

8 | 人格が閉じるとき　125

1．ライフサイクル　125

2．中年期　130

3．老年期　133

4．死　136

9 | 人格とかたり　142

1．ナラティヴ　142

2．かたりと主体　146

3．心理療法とかたり　150

10 | 人格が病み傷つくということ　154

1．心の課題　154

2．精神疾患　159

3．トラウマ　166

11 | 人格の探求と文化　172

1．精神分析のはじまり　172

2．分析心理学　181

12 | 人格の変容と心理療法　　188

1．カウンセリングの理論　　188
2．カウンセリングの経過　　192
3．非言語療法　　200

13 | 物語にみる人格の変容　　206

1．教養小説　　206
2．童話とファンタジー　　210
3．錬金術と薔薇十字団　　214

14 | 人格と存在　　221

1．人格の否定　　221
2．実存主義的人格　　227
3．未来へ向かう人格　　231

15 | 人格心理学の展望　　236

1．日常生活と人格　　236
2．人格のあり方は変わったか　　241
3．人格心理学の展望　　247

索引　　252

1 | 人格心理学を始めるにあたって

《目標＆ポイント》
・人格という概念がどのように定義され，どのような意味を内包しているのかを，日常語との比較から知る。
・人格という概念が，いつ頃どのように成立してきたかを知り，人格という概念の意味をより深く理解する。
・人格心理学を現代において学ぶ意義を考える。
《キーワード》 人格，性格，気質，個人差

1. 人格心理学の位置づけ

　これから私たちが学んでいく人格心理学は，文字通り「人格」に関する心理学である。では，「人格」とは何であろうか。人格という言葉は，私たちの日常的言語の中でも，頻繁に使用されている。たとえば，「あの人は人格者だ」とか，「彼は人格に問題がある」などという表現のように。前者は，その人の洗練された優れた特質のことであり，後者は，その人の全体的な性格特徴のことである。心理学で人格といった場合，前者のような価値的な意味合いを含まず，後者のような全体的な性格特徴を指し示すものとして使用されている。

　ひと言でいえば，人格（personality）とは，その人の人となりのことであり，人格心理学は，「人となり」に関する心理学である。人となり（人格）について心理学的に探究するとき，私たちはさまざまな問いを

設定することができる。人格とはどのようなものであり，どのように考えられているのかという，人格に関する見方やモデルに関する探究がある。また，人格はどのように形成され，どのように成長発達していくのかという探究もありうる。さらには，人は人格をどのように知り認識するのかという探究もあるであろう。はたまた，人格の異常や病ということに関する探究もある。

　このように，人格に関する心理学は大きな広がりをもつ。実際，人格心理学は，心理学の中でも，多様な方法論や心理学の分野が交わるところである。臨床心理学や，発達心理学，社会心理学，さらには精神医学等も関わってくる。大学の心理学のカリキュラムにおいて人格心理学は学士課程のうちに必ずといっていいほど学んでおくように設定されているが，それは，人格心理学がこのような包括的で基礎的な性質をもつものであるからである。

　私たちがこれから学んでいく人格心理学も必然的に，このような心理学の諸分野の広い領域を渡り歩くものとなる。本書ではさらに，人格に関する心理学的探究に対して，固有の意味合いと願いを込めた営みを開始したい。近年は，人格心理学というより「パーソナリティ心理学」という呼称のほうが，一般的になりつつある。さきほど述べたように，「人格」という言葉には価値的意味合いがあると同時に，あまりにも日常的な用語で多様性を含んでいるために，心理学の学術用語として「パーソナリティ」という言葉を使うことが好まれるのである。しかしながら本書では，あえて「人格心理学」という名称に，新たな願いを込めて使用してみたい。ここで大切にしたいのは，むしろ，人格という言葉の意味の多義性であり，人間の価値について思い起こさせるようなニュアンスである。人格について探究してきた学問は，心理学だけではない。古の時代から，人間が人間について考えてくる中で，人格に関する考察があ

った。心理学の人格に関する探究は，そうした広い人文諸科学の中のごく一部でしかなく，また，それらと決して無縁ではない。そこで本書では，心理学の一分野としての人格心理学に中心を置きつつも，哲学や文学，思想史，歴史といった人間の営みに関する諸学とのつながりを意識しつつ，このテーマを扱っていくこととした。後述するが，人間とは何かということを，おそらくこれまで以上に鋭く問わねばならなくなった現代において，人間の価値や尊厳といったことを常に念頭に置きつつ，人格心理学を展開していきたいのである。

　人格（personality）という言葉の源はどこにあるのであろうか。語源を探ることは，しばしば私たちに，その言葉に埋もれている歴史と記憶を呼び起こしてくれる。人格と同じく「人」を意味する human という言葉が，動物と対比した人間，人間という種，あるいは人間らしさについて言及する言葉であるのに対して，personality という言葉は，個別の人を意味している。personality はラテン語の persona（ペルソナ）から派生したと言われるが，persona とは劇において役者がつける仮面を意味していた。それぞれの人物を描き分けるために仮面が用いられていたのである。それぞれの人物には，それぞれの行動様式があり，個性がある。こうした個人の差異と特徴に着目するのが，persona という言葉である。personality について探究する人格心理学も，このように，個人の差異と特徴を心理学的な観点から探究していく学問である。

　では，人格を心理学的に探究するとはどのようなことであろうか。それは，単に個人差があるということを認識し記述するだけでなく，個人差はどのような構造から成り立っているのか，個人差はどのように成立するのかということを探究することである。個人差を成立せしめている万人に共通する原理を探究するのだといってもよい。心理学における人格の探究とは，万人に共通する原理や法則によって個人差を説明するこ

とがめざされるという点が重要である。

2. 人格という概念の定義

心理学では，人格という言葉に近い概念がいくつかある。人格という用語が何を指すのか明確にするためにも，まずそれらとの差異を確認しておきたい。

（1） 気質との対比

個人差を説明するための概念として，気質（きしつ，temperament）という言葉がある。気質とは，その人の人となりの特徴の基底をなす比較的永続的で安定した部分で，情緒性に関わる部分として，一般に定義される。日本語には「気質（かたぎ）」という言葉があるが，これは「職人気質」とか「昔気質」というように，その人の性格の傾向を表す。同様に心理学でいう気質（きしつ）も，こうした性格の全体的な方向性を意味するものである。しかし，「かたぎ」と「きしつ」が異なるのは，前者がその人の経験や社会的位置，職業，世代といった要因によって後天的に決定されるのに対して，後者のほうは，遺伝的，体質的に規定される，先天的なものとして考えられているということである。たとえば，生まれたばかりの子猫でも，同じ親から生まれておきながら，一匹一匹で気質の違いをもっている。ある個体はおとなしく，また別の個体は気性が荒いといったように。

気質という個人差があるということに関しては，昔から，人々は気づいていた。古代ギリシアの医聖ヒポクラテス（前460ころ～前375ころ）は，迷信や呪術ではなく，人間自身の臨床観察と経験にもとづく医術の基礎を築いた人であるが，彼はその頃のギリシア思想の四大元素の考え

方をもとにして，人間の体には4種類の体液があると考えた。すなわち，血液，粘液，黄胆汁，黒胆汁であり，これらの体液の配分と混合の個人差が体質を決定し，またそれらのバランスが崩れると病気になると考えた。たとえば，黒胆汁が多くなると憂うつな気持ちのメランコリーになり，黄胆汁が多くなるとかんしゃく持ちになる，と。ヒポクラテスは，この体液理論を，臨床上の疾患や身体と結びつけて考えていたのだが，これを気質として人間の性格や精神を説明するために用いたのは，古代ローマ時代のガレノス（129ころ～199ころ）である。

ガレノスは，それぞれの体液のうちでどれが優位かで，その人の体質ばかりでなく心の状態も影響を受けていると考えた。それによると，血液質の人は楽天的で社交的，粘液質の人は冷静沈着で鈍重，黄胆汁質の人は決断力があり感情の変化が激しい，黒胆汁質の人は憂うつで内省的といった具合である。こうした体液と性格特徴との関連は，現代の医学の観点からは根拠のない説ではあるが，人間の個人差の由来を探究しようとする先人の試みとして理解したい。

気質は，その人がもって生まれた性向をさす概念であるが，これに対して人格という概念の場合は，先天的なものばかりではなく後天的に獲得された要因を，さらにはその個人によって作り上げられていくという意志的な要因をも含んでいる。たとえば，同じ神経質という気質であっても，それが「臆病」という方向性に展開するのか，「繊細」という方向性に展開するのかには，自由度があるのである。

（2）　性格との対比

人格という概念と非常に近いが，やはり区別しなければならないのは，性格（character）である。「性格」と「人格」は実際の言葉の使用の文脈においては，入れ換え可能に使用されることも多い。しかしなが

ら，人格が，その人の人となり全体を表すのに対して，性格は，その人の表面に現れた他の人と区別されるような特徴に注目した概念である。

漢字やくさび形文字のように，何かに刻み込まれて記されていた文字のことを英語では character というが，それと同じく性格（character）とは，経験を通してその人に刻み込まれた特質を意味するものであった。また，a man of character というと，人格の高潔な人を意味するように，その人に刻み込まれた優れた特質をさすこともある。character という言葉は，人格という概念が心理学用語としてアメリカで定着する以前から，主にヨーロッパで個人差を示すために使用されていた。

ここで確認しておきたいのは，人格のほうが性格よりも包括的で全体的な概念であるということである。このことは，たとえば日常語において，「彼は性格が変わってしまった」というより「彼は人格が変わってしまった」という表現のほうが，より根源的な変化のニュアンスを含むことからも分かるであろう。

（3） 人格の定義

では，人格とはどのように定義できるのか。人格とは，性格のほかに，知能や記憶，意志などのさまざまな要素を含むものであり，その人に顕在化している性格特徴から潜在的な特徴まで，包括的に考える概念である。人格という概念が，重要な心理学用語として確立されたのは，アメリカの心理学者オルポート（Allport, G.W.）の業績による。彼は大著 *Personality: A Psychological Interpretation*（1937）の中で，persona という語源の多様な意味を考慮しつつ，人格という概念の定義を試みている。その定義は，現在でも，もっとも包括的で洗練された定義であると言っても過言ではない。オルポートは，人格を次のように定義する，すなわち，「人格とは個人の環境への適応を決定するような心理的身体

的な諸々のシステムからなる，個人の中の力動的な組織である（Personality is the dynamic organization within individual of those psychophysical systems that determine his unique adjustment to his environment.）」と。

　この定義には，多くの含意があるので，少し詳しく分析してみよう。まず，人格は dynamic organization（力動的な組織）だとされているが，これは，人格は静的でも固定的でもなく，変化していくものであるということである。また，organization であるので，要素の単純な寄せ集めではなく，さまざまな要素が複雑かつ緊密に結びつき，それらのあいだにはダイナミックな（力動的な）関係があるということである。人格を構成するさまざまな要素とは，オルポートの定義の中では，psychophysical systems（心理―身体的な諸々のシステム）にあたる。systems と複数形になっていることに留意してほしい。そして，これらの諸システムが，個人（individual）の環境への固有の適応を決定している（determine his unique adjustment to his environment）というわけである。「個人」という言葉は，後の unique という言葉と響きあって，他のものとは決して同一でない唯一無二の個別性のあるものということを含意している。

　さて，このオルポートの定義で重要なのは，パーソナリティは，心理―身体的システムそのものではなく，あくまでも，それらが結びついて作り上げられる力動的な組織であるということである。つまり，個々の心理的身体的システムの単なる寄せ集めではなく，それらが相互作用をしあって組織されている，もう一段上位の機構ということが意味されているのである。また，環境（environment）という言葉が，the environment ではなく，his environment となっていることにも注目すべきであろう。これが意味するのは，環境とは所与として一義的なものではな

く，あくまでもその個人にとっての環境であるということである。個々人が何が自分にとっての環境であるのかを自分で決定するのである。すなわち，人格は単に環境の影響から決定されるものではなく，環境を選び，環境を意味づけ，環境に対して働きかける能動的で主体的な存在であるという含意がある。このことは，オルポートが，適応（adjustment）という言葉に含めた意味を考えてみてもわかる。オルポートが同書の別の箇所で，適応とは，植物や動物でもできるような環境に対する単なる受動的な反応ではない。人の適応は，環境への多くの自発的でクリエイティブな行為を含んでいると述べている。つまり私たち人間は，環境に一方的に支配され環境から自分たちの在り方が決定されるのではなく，同じ環境であってもイマジネーションによってその意味づけを変えることができ，また創造的にそれに働きかけ変えることもできるというのである。

　オルポートの人格の定義を整理すると，人格の定義として，次のような重要な点が浮かび上がってくる。すなわち，人格とは，人間を構成するさまざまな心理的・身体的な要素を統括する上位のシステムであるということ，そしてそれは，個人個人で個別的であるということ，また，その個人は環境へ適応をするが，それは受動的なものではなく，自ら環境の意味を変革していく能動性をもつものであるということである。

3.　人格という概念の歴史を辿ることで見えてくること

（1）　人格への着目

　オルポートの定義より30年以上前，personality という言葉は心理学の術語として次第に使用されはじめた。personality を術語として用いた初期の最も重要な著作は，アメリカの神経心理学者で精神科医モートン・

図1-1　モートン・プリンス
（写真提供：ユニフォトプレス）

プリンス（Prince, M.）（図1-1）による"*The Dissociation of a Personality*"（1906）であろう。ここで報告されたのは，いわゆる多重性人格障害の事例である。ミス・ビーチャム（仮名）という23歳の女子大学生の神経衰弱に対して催眠治療を続けるうちに，彼女の主人格とは異なる2つの別人格が顕在化し，やがてそれらが最後には統合されていく過程が，詳細なエピソードを辿りつつ記されており，彼の著作は異常心理学の古典ともいえる書である。ここで興味深いのは，主人格も含めた3つの人格は，それぞれ性格が大きく違っているばかりでなく，筆跡や健康状態，さらには痛みの感じ方なども異なっていたと報告されていることである。一般に，多重性人格障害では，単に性格が異なるというだけでなく，身体面も含んだ，まさにその人となりを構成するさまざまな側面が異なってくる。たとえば，同じ物理的身体を共有しているのに，ある人格のときには特定のものにアレルギー反応が出るが，他の人格のときにはそれが出ないといったこともある。また，価値観や持っている記憶なども異なってくる。別人格での思考や行動を，主人格はまったく知ら

ないということも，しばしばある。単なる記憶の欠落は，意識水準が低下したときにも起こりうる。しかし，多重性人格障害においては，別人格のときに意識水準の低下時にはありえないような複雑で適切な判断を含むような行為をなしている。このように，他の人が出てきたとしか説明できないような変化があるのである。モートン・プリンスが，多重人格の事例を報告したとき，アメリカでは心理学用語として「自己」をあらわすセルフという言葉があり，キャラクターという言葉もあったが，多重人格を説明するには，そうした限定的な言葉では不十分であり，その人の人間としての全体を表すためには，「人格」という新しい術語をわざわざ用いる必要があったのである。このことからも，人格という概念の包括的な意味が見えてくるであろう。

（2） 個人差心理学と人格

　人格に関する研究的な興味は，先述したオルポートの1937年の著作に代表されるように，1930年代のアメリカにおいて強くなる。この傾向は，アメリカの社会史的な背景と思想史的な背景とが深く関連している。まず社会史的な側面から見てみよう。1930年頃のアメリカは自動車製造をはじめ重工業の発展で好景気に沸き，ニューヨークでは摩天楼の建設ラッシュのさなかであった。ラジオが人々に普及しアメリカ南部で誕生したジャズが流れていた。ディズニーのミッキーマウスも誕生し，またハリウッドでは盛んに映画が作られていた。フロイトの精神分析の考えが通俗化した形で大流行し，映画や文学の言説にも用いられていた。このような状況の中で，アメリカでは，伝統的なヨーロッパ文化とは異なった，独自の文化を求めようとしていた。同じことは，個人においても見られていた。引き継ぐべき文化的な伝統や価値観に自分を合わせていくのではなく，自分らしい何かを作り上げていくことが，めざさ

れていたのである。

　人々は個人差に興味を向け，個人の可能性を開発していくことに，努力を注いだ。たとえば，オーストリアのガル（Gall, F.J.）が18世紀末に始めた骨相学は，その100年後のアメリカで大流行していた。この骨相学は，頭蓋骨の形状の特徴によって，個人の能力的特徴が判断できるとするものである。心理学の展開の中では，脳のそれぞれの部分が異なる精神機能を担っているという局在論的な考えと結びつくものであるが，骨相学は通俗化した形の人相見として，行列ができるほど流行したという。こうして個人の特質がわかると，今度はそれをできるだけ発達させ伸ばしていくために，さまざまな働きかけがおこなわれようとした。これを支えたのは，経験論的な環境主義である。アングロサクソンの思想的伝統では，ロックやヒュームといった哲学者の考えに見られるように，人間の心は経験によって作り上げられると考えられていた。あるいはダーウィニズムが生物の形態的特徴も環境によって作り上げられると考えていたように，環境が与える影響が重視される思想的特徴があった。このような経験論的な環境主義は，後に心理学では行動主義を生み出し，また，教育への関心を大きく発達させることとなった。

　1930年頃から開花していく，人格や性格の研究，個人差心理学も，そのような思想史的な背景と社会史的背景のうちにある。また，第一次世界大戦時の兵士の適切な配置をおこなうために，知能テストが開発されたということも，人格の研究を盛んにしていった要因でもある。

（3）　人格心理学の現代的意義

　伝統的社会において，自分がどのような人間であるのか，自分は何をなすべきかということが比較的定まっているときには，人格に対する問いかけは生じにくいであろう。しかしながら，自分の社会での位置づけ

が揺らぎ自由度をもったとき，社会から包まれているという感覚を失ったとき，人は自分自身が何者であるのかという探求を始める。人格心理学も，突き詰めれば，そのような自分への探求ということと深く関わる学問である。

　個人差心理学に大きな興味と期待が寄せられていた1930年代のアメリカと同じく，現代の私たちが生きる社会においても，自分自身への問いかけということは，大きなテーマとなっているといえよう。私たちは，地縁的共同体の中ばかりでなく，いくつかの機能的な共同体の中を生き，さらには電子ネットワークが構成する世界でも対人的世界を生きるなど，実に多様で複雑な環境の中に生きている。このような多様なコンテクストの中で，私たちは，たったひとつの在り方で居続けることが難しくなっている。それぞれの場面や状況に応じて，自分というものを時には変えていかねばならない。場面場面で異なる自分を統一的な「私」というイメージで結びつけることは，かつてなかったほど困難になっている。

　このように文明が発展しながら，一方では人格や人間の命そのものが否定される戦争やテロ，あるいは特定の民族や集団を抹殺しようとするジェノサイドが，地球上からやむことはない。ここでも私たちは，人間の本性（ほんせい）とはいったいどのようなものなのかということに対して，問いを向けざるをえないであろう。

　人格心理学では，先人たちが積み重ねてきた人間というものに対する心理学的な問いかけを辿っていきたい。そのプロセスを通して期待されるのは，単なる知識を得るということではない。この科目を通して，心理学的な思考と手法をつかって「私」を探求していく，その態度を学んでいってほしい。

引用・参考文献

Allport, G.W.（1937）*Personality: A Psychological Interpretation*. New York: Holt, Rinehart. & Winston.
（邦訳：詫摩武俊（他）訳（1982）パーソナリティ―心理学的解釈．新曜社．）
Leahey, T.H.（1980）*A History of Psychology: Main Currents in Psychological Thoughts*. Prentice-Hall.
（邦訳：宇津木保（訳）（1986）心理学史―心理学的思想の主要な潮流．誠信書房．）
Prince, M.（1906）*The Dissociation of a Personality: A Biological Study in Abnormal Psychology*. Longmans, Green.
（邦訳：児玉憲典（訳）（1994）失われた「私」をもとめて：症例ミス・ビーチャムの多重人格．学樹書院．）
詫摩武俊（他）著（2003）性格心理学への招待（改訂版）―新心理学ライブラリ９．サイエンス社．

- 日常会話の中で「人格」という言葉がどのような意味で使われているか，具体的な場面を想像して考えてみよう．また，「人格」という言葉を含む文をいくつか自分で作ってみて，そこで使われる人格という言葉の意味を分析してみよう．
- 英和辞書で personality, character, temperament という単語を引いてみて，それぞれに対応する日本語の意味と，それぞれの単語の用例を調べてみよう．

2 | 人格を理解する観点と理論

《目標＆ポイント》
・人格を記述し理解するための心理学上の代表的な理論を知る。
・それぞれの人格理論の特徴と限界を知る。
・力動的な人格理論の基礎となるフロイトの人格理論について理解する。
《キーワード》 類型論，特性論，力動論

1．人格理解の方法

（1） 素朴な人格理解

　私たちは，人格を理解するために，意識しなくても日常的にいくつかの方略を用いている。たとえば，誰かに初めて出会ったとき，気が合いそうだとか合いそうでないとかいうように考えることがある。これは，何がしかの判断基準によって，その人の人格を判断していることを意味している。しかし自分にとって気が合う人も，他の人にとっては気が合わないことがあるように，こうした自分を起点にした判断や記述は主観的なものであり，その人の人となりを客観的に表すものではない。

　日常で用いられる，もう少し客観的な人格の記述としては，人をいくつかのタイプに分ける方法である。たとえば，「あの人は，親分タイプだ」とか「ビジネスマンタイプだ」とかいうような表現である。このように，人格をタイプや系統に分けてみることは，実によくおこなわれている。この発想法は，通俗的な性格占いや性格判断にもよく用いられて

いる。

（２）　血液型性格判断のトリック

　人をいくつかの型に分類する方法のひとつとして，日本では血液型による性格判断がよく用いられている。血液型性格判断は，古川竹二（1932）※ によって提唱された「血液型気質相関説」に起源をもつ。古川は遺伝と性格の関係から直観して，遺伝的な血液型と気質との関連を発想したという。この説の信憑性については当時からすでに批判が多く，学説としては退けられていたが，1970年代より再びテレビや雑誌等のメディアを通して流布するようになり，現在では大衆文化や日常的な会話の中では，広く受け入れられている観がある。

　心理学的には，血液型性格判断に関しては，それを積極的に主張できるような根拠は見つかっていない。むしろ，その妥当性を積極的に主張する論拠に関しては，心理学的には論駁されている。社会心理学者の大村政男（1990）は，血液型性格判断がなぜ根拠が薄いのに信じられるのか，あるいは「あたっている」と感じる人が多いのかを説明するものとして，FBI効果というものを提唱している。Fというのは，Free sizeのことであり，フリーサイズのTシャツは誰にでも合うようにできているが，それと同様に血液型占いでは，誰にでもどこかしら当てはまるような性格特徴の記述となっているというのである。これは心理学ではバーナム効果として知られているものに相当する。たとえば，「あなたは人前では自己主張をつい遠慮してしまうところがありますね」という誰にでも当てはまるような性格記述は，たいていは誰もが自分のことを言い当てていると捉えてしまう。FBIのBとは，Labelingである。すなわ

※注＝西暦年は，①学説が発表または，提唱された年　②調査・研究が実施された年　③出版物が刊行された年　などを表す。以下同様

ち，周囲の人が特定の血液型の人の言動を解釈するときにラベル（レッテル）を貼って色眼鏡でみて意味づけるということである。たとえば，ある人が大雑把な行動を示したとすると，「やはりあの人は×型だから，大雑把だ」と解釈する一方で，同じ大雑把な行動をとっても，几帳面だといわれる血液型の人の場合は，その側面が無視されたり，「○型の人でも大雑把なところがあるんだ」と解釈されたりするのである。FBI のⅠとは，Imprinting である。すなわち人は，あなたはかくかくしかじかの性格だと言われると，自分でもそう思い込み，それに合うように振る舞っていくものである。これは心理学では，その言説に自分を当てはめて作り上げようとする同一化（identification）という機制（仕組み）と関わることである。以上のような性格判断に関する私たちの態度の特徴は，血液型性格判断の信憑性を批判的に検討することを超えて，私たちが自分や他者の性格をどのように認知するのか，あるいは自分自身の性格をどのように形成しているのかということについても，興味深い知見を与えてくれる。

2. 類型論と特性論

　心理学において人格が記述されるときには，十分に科学的根拠が得られるように，厳密な調査や臨床上の観察がなされたうえで帰納的に判断し記述されている。それらの理論を紹介していこう。

（1） 類型論

　先述したように，私たちが日常的な感覚で人格を記述するとき，「○○型」とか「○○タイプ」として分類しているが，人格をこのようにパターン化して分類する方法は，類型論（typology）と呼ばれる。類型論

は，もっとも基本的で直感的にわかりやすい方法であり，古くから行われていた。例えば，第1章で紹介したガレノスの気質の分類は，類型論の考え方である。類型論の中でもっとも有名な研究は，20世紀初頭クレッチマー（Kretschmer, E.）によってなされたものである。クレッチマーは，精神医学の臨床上の経験から精神疾患の種類と体型とに関係があることに気づき，8000人以上の精神疾患の患者を診断的に分類し，次頁の図2−1にみられるような関連を見出した。躁うつ症の患者には肥満型が多く，統合失調症の患者には細長型が多い。さらにこの2つほど明確ではないが，てんかん症の患者には闘士型の体型が，ほかよりも多く見出されるというのである。さらに彼は，これらの精神疾患の罹患者の行動的特徴や性格傾向をまとめ，表2−1に示すように，最終的にそれぞれの体型と性格との関連を示したのである。この説は現在では，性格類型に必ずしも特定の精神疾患とを結びつける必然性はないことや，単純すぎる三分法のために批判されているが，性格類型論の古典的なものとして理解しておきたい。

　クレッチマーの分類を追試するため，アメリカのシェルドン（Sheldon, 1942）は，4000人の男子大学生を対象に調査し，その体型と気質とのあいだの関連を見出した。この大規模な調査では，男子大学生の身体写真，身長や体重，胴回りなどの計測データと，自己報告，家族からの報告，友人からの報告などから導かれる性格との関連を探ったところ，クレッチマーがおこなった分類とほぼ対応した関係が見出された。シェルドンの研究の特徴は，体型と性格の関係を胎生期の胚の発生と関連づけて説明した点である。内胚葉系すなわち消化器官の発達がよく，柔らかで丸い体型の人は，陽気で快楽的であり，外胚葉系すなわち神経系が発達している細長型の人は，控えめで過敏であり，中胚葉系すなわち筋肉の発達している人は，自己主張的で精力的であるという関連であ

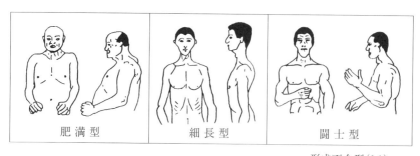

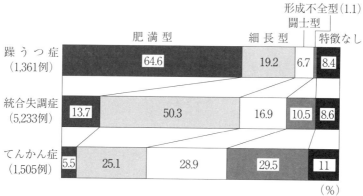

図2-1 精神疾患と体格型の関連

表2-1 クレッチマーの分類による体型,気質,性格特徴の関連

体 型	気質名	性格特徴
肥満型	循環気質 (躁うつ気質)	①社交的,親切,友情に厚い,人好きがする ②明朗,ユーモアがある,活発,激しやすい ③静か,落ち着いている,柔和,丁重,気が弱い
細長型	分裂気質	①非社交的,おとなしい,用心深い,まじめ,変わっている ②臆病,恥ずかしがり,敏感,神経質,興奮しやすい ③従順,お人好し,正直,無関心,鈍感
闘士型	粘着気質	①几帳面で丁寧,融通がきかない,回りくどい ②気分(感情)は安定しねばり強いが時々爆発する

る。

　類型論の別の例は，人間に基本的とされる性エネルギーであるリビドーの発達が，どこに固着するかに関連づけて，口唇期性格，肛門期性格，男根期性格といったものに分類するフロイトのものである（Freud, 1908）。この理論は，彼の人格発達の理論をもとにしたものである。子どもは，まず口を通して授乳を受ける。このときは，空腹が満たされると同時に，吸うといった口をつかった快感がある（口唇期，0～2歳）。やがてトイレットトレーニングを通過することで，自分の排泄をコントロールすることに快感を覚えるようになる（肛門期，2～3歳）。さらに長じると，性別を意識するようになり，同時に，同性の親に対する競争心が出てくる（男根期，4歳～6歳）。それぞれの時期において子どもは，特徴的な仕方でリビドーを，外界や他者に向けて関わり，欲求を満たしている。しかし，その時期に固有の欲求が十分に満たされなかった場合，心はその時期に留まろうとしてしまい（これを固着という），そのことが特徴的な性格傾向を作るというのである。口唇期では快楽的で依存的，肛門期では几帳面で倹約的でコントロールすることを好む，男根期では自己の優位性を過度に主張するなどの性格特徴をもつと考えられる。

　ユング（Jung, 1921）も類型論を提唱した人物のひとりである。彼は人間のリビドー（生きるエネルギー）が外界の対象に向かう外向，自分自身に向かう内向という区分をまず考えた。外向の場合は，外に出て人と接したり，新しい物事に触れたりするといったことを好む。内向の場合は，内にこもり独りでいることを好み，新奇なことより馴染みのものの中に，新たな意味を見出そうとする。こうして人は内向と外向にまず大きく分類される。この外向―内向の区分に加え，ユングは，思考・感情・感覚・直観といった4つの心的機能を考えた。人間はこのうちい

表2-2　ユングの類型論（タイプ論）

	外　向	内　向
思　考	外向思考型： 客観的な事実やデータを重視し，それに基づいて筋道を立てて考える	内向思考型： 考える対象が自分自身の思考に向かっており，理想や主義を掲げる
感　情	外向感情型： 周囲の人々の状況をよく理解し共感し，他人と良い関係を保つのが得意	内向感情型： 心の中に明確な好き嫌いの判断を持っていて，豊かで時には激しい感情を内に秘める
感　覚	外向感覚型： 現実の人やものに対して，具体的また実際に，五感や身体的な感覚で感じ取る	内向感覚型： 感覚的印象にひたり空想的であるので，静かで受動的に見える
直　観	外向直観型： 周囲の人やもの，将来の見通しなどに対してカンが鋭く，アイディアマンで活動的	内向直観型： カンが心の内に向かい，一見風変わりだが無意識的な閃きがある

ずれかの機能が優位に発達分化するという。それぞれの心的機能に割り当てられて考えられる性格特徴は，表2-2を見てほしい。この4つのタイプと内向―外向とを重ね合わせることで，内向―思考型とか外向―感情型とかいうように，8つの性格のタイプが仮定されることになる。彼はさらに，性格傾向には意識と無意識との相補的関係が存在することを主張した。たとえば，人があまりにも外向に傾きすぎると，全体の心のバランスをとるために補償作用が働き，無意識では内向の傾向が強くなり，夢やさまざまな症状を通して，内向的な方向を意識させていくことになるという。こうして，単なる類型の分類だけでなく，その移行や変化を捉えたユングの考え方は，本章の次節で述べる力動論的な側面を

もつものである。

　類型論では，せいぜい7つぐらいまでの型に分類されることが多い。というのも，それ以上類型が多くなると，それらの差異が直感的にはわかりにくくなり，区分としての意味を失ってしまうからである。このように人間の人格という複雑な事象をこうした数個の型に分けようとするので，どの類型にも属さない型やあいまいな中間型が生じてしまう。

（2）　特性論

　類型論と異なる発想に基づく人格理論は，特性論（trait theory）と呼ばれるものである。特性論とは，性格特徴の基本的な要素（成分）を想定し，それぞれの要素を個人がどれくらいの比率で併せもっているかで，個人の性格を記述するものである。具体的には性格を表す「特性語」と呼ばれる複数の言葉がそれぞれどれくらい個人に当てはまるかで描き出そうとする。

　性格特性とは，直接観察されるものではなく，人間の個別的反応や行動から抽出されたものである。たとえば，人づきあいを楽しみ，いつもよく笑っている人のことを，私たちは「陽気だ」というであろう。しかし「陽気さ」そのものは，私たちは観察できず，その特性は，人づきあいを楽しむという態度とか，よく笑うといった行動から抽象され仮定されたものである。このような特性の抽出が可能なのは，私たちが「人づきあいを楽しむ」ということと「よく笑う」ということは無関係ではなく，その共通の根となる性格があると，自然に了解しているからである。このように，相互に関連性の強い個別の反応や行動，態度などに共通の根として直感的に了解されるものが，特性である。

　特性論の研究は，オルポートとオズベルト（Allport & Odbert, 1936）が性格を表す言葉を辞書から18000語ほど拾いだし，それを分類整理し

最終的に4500語程度の特性語のリストを作成したところから始まる。オルポートたちは，個人は究極にはひとりひとり個別的で独自なものとして考えていた。したがって，その個人にしか当てはまらない特性語（独自特性）もあるが，多くの人に共通して使用することのできる特性語（共通特性）もあり，それを使用することで，人間の性格を描き分けることができると考えたのである。オルポートらのリストをもとにしてキャッテル（Cattel, 1957）は160語程度の特性語リストを作成し，200人の調査協力者に対して，それが自分自身に当てはまるか，実験的にペアになった相手に当てはまるかどうかを評定させ，さらにそれぞれの調査協力者の生活史を聴いて，その妥当性を確認するという方法で，性格記述に有効な特性語を抽出した。

　図2-2は，アイゼンク（Eysenck, 1967）による特性論に関する図である。アイゼンクは，「内向―外向」を性格を記述する1つの次元とみなしたように，最終的には類型論につながる理論を考えていたが，「内向―外向」の類型にまとめられるまでには次のような過程をたどる。私たちが観察することができるのは，それぞれの状況での個別的な反応，

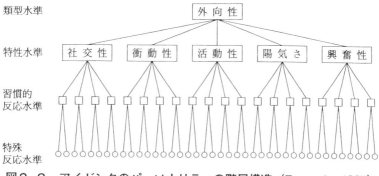

図2-2　アイゼンクのパーソナリティの階層構造（Eysenck, 1967）

すなわち特殊反応水準の行動である。それらのうち，反復するものや類似のものがまとめられ，習慣的反応水準での行動や反応として抽出される。さらに，さまざまな習慣的反応が相互に関連をもっているとき，その背後に性格特性が想定されるのである（特性水準）。

　ところで，性格特性語どうしには，意味的に近いものと遠いものがある。意味的に近い特性語の場合，ひとりの人間の中に一方が性格特性として存在すれば，他方も存在する確率が高くなる。因子分析という統計上の手法を使うことによって，意味的に近い言葉を統合し併存しやすい特性語をまとめていくと，5つのカテゴリーにほぼ収束されるということが，多くの研究を通じてわかってきた。この5つの安定したまとまりは，ビッグ・ファイブと名付けられている。因子の命名は研究者によって少しずつ異なるのだが，マックレーとコスタ（McCrae & Costa, 1987）は，神経症的傾向，外向性，開放性，調和性，誠実性の5つの因子次元を提唱している（表2-3）。すなわち，人の性格は，情緒が安定しているかどうかに関わる領域，外向的であるかどうかに関わる領域，新しいものを柔軟に受け入れる感性をもっているかどうかに関わる領域，他人

表2-3　ビッグファイブ（McCrae & Costa, 1987より作成）

特性因子	代表的な特性尺度	特性因子	代表的な特性尺度
神経症的傾向	穏やかな－心配性 頑健な－脆弱な 気楽な－神経質な	開　放　性	因習的－独創的 慎重な－大胆な 同調的－独立的
		調　和　性	非情な－思いやりのある 利己的な－無私の
外　向　性	内気な－社交的 物静かな－おしゃべりな 抑制的な－自発的な	誠　実　性	頼りない－信頼できる 怠慢な－誠実な

と協調し調和的にやっていくかどうかに関わる領域，まじめに誠実に役割をこなしていくかどうかに関わる領域，の5つに分けられるというのである。

　多くの研究者がおこなってもほぼ同じ結果が安定して得られることから，ビッグ・ファイブは，人間の性格を構成する基本的な次元であると考えられるようになっている。しかしながら，それが性格の実在的な構造に関するものであるのか，性格の認知の構造に関するものであるのかに関しては，原理的には答えは出ない。特性語は，それが自分や他人に当てはまるかどうかの判断をもとに選ばれるものである。したがって，私たちが人の性格を捉えるときに，そのような5つのカテゴリーに依拠して認知しているということなのか，あるいは性格とはそもそもそのような5つの次元によって実際に存在しているのか，区別するのは困難である。

3.　人格の力動論

（1）　力動論の発想と例

　人格を理解する理論として，これまで類型論と特性論についてみてきたが，それらはもっぱら個人差を説明するためのものであった。たとえば，あの人はなぜあのような性格なのかという問いかけに対しては，類型論であれば「あの人は○○型だから」と，特性論であれば「あの人は○○性が強いから」というような仕方で説明されるであろう。しかしながら，これは「なぜ」という問いに対して，本当の意味で答えていることにはならない。というのも，こうした説明は観察された性格からの後づけ的な説明にすぎず，そのような性格になっている仕組みはどのようなものなのか，あるいは，どのようにそうした性格が形成されるのか，

ということには答えていないからである。

　こうした問いかけに答えようとしているのが，力動論（dynamic theory）である。力動論とは，人格を異なった「部分」に分けて，その部分どうしの関連，すなわち，それらのどの部分が強いか弱いか，あるいは，それらがどのように作用しあっているかをみることで，人格を理解し記述しようというものである。もちろんその「部分」とは，可視的なものではなく，仮説的な機能のまとまりとして想定されている。

　力動論としてもっとも基本的で重要な発想は，人格を意識と無意識とに分ける考え方である。この区分はフロイト（Freud, S.）によって20世紀初頭にモデル化されたものである。無意識をどのようなものとして考えるかには諸説があるが，ここでは，基本的なフロイトの考え方を述べておこう。

　フロイトの人格理論は，彼の臨床的経験と考察の進展にともなって彼自身の中でも大きく変転してきている。もっとも初期の考え方は，ヒステリーの治療経験をもとにして，人間の記憶や想念といった心的表象を「意識的なもの」と「無意識的なもの」とに分けるものであった。無意識を構想したことには，フロイトが自由連想という手法を用いたことが深く関連している。それまでヒステリーの治療には催眠が用いられており，催眠下において情動を放出することが，症状を治めることにつながることがわかっていた。しかし，この方法では，患者は自分に何が生じたのか意識でとらえることはできない。フロイトは，催眠のように患者を眠らせるのではなく，あくまでも目覚めた意識のもとで，自由連想によって浮かび上がってくる心的表象を，患者が治療者とともに体験し見つめていくことで治療が可能であることを発見した。このように，意識されてはいないが，見つめ，解釈し，理解し把握する可能性のある内なる未知の大陸として，無意識が措定されたのである。

自由連想に限らず，私たちは日常生活の中で，特定のテーマに関することがどうしても思い出せなかったり，言いよどんだり，言い間違ったりすることがある。それは，自分にとって収まりがつかず都合の悪いことが，検閲や禁止によって意識に上ってくるのを阻止されているためだとフロイトは考えた。このように，意識から特定の観念や表象を締め出す作用は抑圧（英：repression，独：Verdrängung）と呼ばれる。この抑圧によって，心の中にある感情や表象が，「意識されたもの」と，「無意識的なもの」に分けられ，無意識が形成されると考えられた。無意識的なものは，普段は意識されていないが，自由連想や夢などを通して意識的に把握することもできる。しかし，無意識が意識されたときには，すでにそれは意識されたものになっており，無意識ではない。したがって，意識されたものを分析し解釈して，無意識を探り当てる，精神分析という作業が必要となるのである。

　やがてフロイトは，意識的なものと無意識的なものという心的表象を区別することから一歩進んで，意識という領域と無意識という領域，すなわち場所を区別するモデルを考えるようになる。このモデルのことを局所論（第一局所論）という。そこでは無意識と意識という場所に加えて，前意識という領域も考えられた（図2-3）。前意識とは，ふだんは意識に上っていなくても，その気になれば容易に思い出せるものであり，抑圧の作用によって簡単には思い出せない本来の無意識とは性質が明らかに異なるものである。

　無意識的表象と意識的表象という区分ばかりでなく，無意識という場所を想定したことで，人格理解にはさらに新しい境地が開けた。それは，欲動（英：drive，独：Trieb）という，表象にならない，人を駆り立てるような原始的な心の動きを考えることが可能になったことである。フロイトは当初，患者が分析の中で「思い出した」として語ること

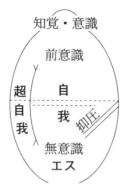

図2-3　フロイトの心的装置モデル
(Freud, S., 1923)

は実際にあった出来事の抑圧されていた記憶だと考えていた。しかしフロイトはやがて，患者の語ることが，とりわけ父親や母親と関連した性的な心的外傷に関しては，歴史的な事実としてはなかったという事例にいくつか出会うことになる。しかしたとえ患者の語ることは幻想であっても，本人にとってはリアリティがあり情動的体験を伴うものであり，まったくの嘘の作り話として切り捨てられるものでもない。そこでフロイトは，歴史的・客観的な事実だけでなく，本人にとって心理的・主観的な現実というものがある，ということを提唱するに至る。これが心的現実（psychic reality）と呼ばれるものである。このような心的現実は，無意識的な欲動が現実の社会生活やその人の持つ規範などと何とか折り合いをつけ，意識にも受け入れられやすいように妥協し形を変えて形成された想念であると考えられた。心的現実の仕組みや構造を分析することで私たちは，その人の無意識の欲望を知ることができるのである。

表2-4　主な防衛機制

抑　　　圧	自分にとって受け入れ難い記憶や想念を意識から締め出すこと
合 理 化	葛藤や不安を解消するために，もっともらしい動機や説明をこじつけ正当化すること
反動形成	自分では認め難い動機を隠すために，それとは正反対の動機を強調したり，正反対の行動をあえてとったりすること
投　　　影 (投　射)	自分自身にあるとは認めたくない性質や想念を，他者のほうがもっているかのように知覚すること
知 性 化	感情や欲求を直接意識するのではなく，それを抽象的・知性的な概念によって対象化して捉え，コントロールしようとすること
否　　　認	自分にとって受け入れ難い現実や想念が，あたかも存在しないかのように精神生活を営むこと
置き換え	ある形態では充足することのできない動機や不安を，別の方向で満足させたり解消させたりしようとすること

（2）　防衛機制

　力動論の観点にたつと，人間の行動のいくつかは，防衛機制というメカニズムで説明することができる。防衛機制とは，心のバランスが崩れてしまいそうな状況や，実際に崩れてしまった状況に置かれたとき，そのバランスを保ったり回復したりしようとするための心の働きの一種である。防衛機制は，心の健康を保つのに重要な役目を果たしているが，あまりにも強くなりすぎ柔軟性を失ってしまうと逆に病的なものとなってしまう。先述した抑圧は，防衛機制のもっとも基本的なものである。他にもいくつかの防衛機制が，フロイト自身によって考えられていたが，それを整理し発展させたのは，娘のアンナ・フロイト（Freud, A.）である。主な防衛機制としては，表2-4のようなものが考えられている。

（3） 構造論（第二局所論）

　フロイトは，意識と無意識を区別するだけでは飽き足らなかった。なぜなら，例えば抑圧をはじめとする防衛機制の多くは，本人が気づかないうちに無意識のうちになされている。無意識の作用により無意識が形成されるという説明では，決して十分と言えない。したがって，意識―無意識という区別とは別な心的システムを考える必要がある。そこで，自我，エス，超自我の3つの審級（心域）を区別する構造論（第二局所論）と呼ばれる考え方が展開された。（審級とは，他と明確な境界をもたないが，一定のまとまった機能を担う圏域のことである。）

　フロイトは，まず防衛機制をおこなうものとして，人間の心に自我（Ich）という審級を仮定した（図2-3）。自我は，私たちが外界で社会生活をおこなっていくために，さまざまな調整をおこなう機能を担う領域である。先述した防衛機制はこの自我によってなされるものである。自我の働きは意識されている場合もあるが，防衛機制が無意識的になされることからもわかるように，自我の一部は無意識に属している。また自我は，外界に対して調整をおこなうので私たちの知覚システムと関連が深いと考えられている。

　自我が調整をおこなわなければならないのは，外界に対してだけではなく，私たちの内界に対しても同様である。自我が内界とも調整をおこなわなければならないのは，先述したように，私たちの中にはそのままでは社会的に受け入れられない欲求や衝動，すなわち欲動があるからである。欲動は，生命維持のための基本的な生理的欲求とは異なるものである。たとえば，赤ん坊はたとえミルクが出なくても，おしゃぶりを吸い続けるように，吸うという行為から得られる快感を貪欲に楽しむ。また私たちは他人に対して，愛着を示すと同時にときには残虐な仕打ちを

することもある。このように欲動は必ずしも生命維持のための欲求や動物的本能ではなく，人間固有の衝動なのである。こうした欲動に満ちた審級が，エス（Es）と名付けられたものである。人間は，発達的にはもともとエスから出発する。そしてこのエスの一部が，外界との接触や対人関係の中で自我に形を変えていくと考えられている。したがって，自我とエスは連続しており，そのあいだに明確な境界はない。「私 Ich」も，「それ Es」という「私」を超えた動きの一部なのである。

構造論では，自我とエス以外に，超自我（Über-Ich）という審級の存在も仮定された。超自我とは，自我がおこなうエスや外界との調整を監視していて，それに評価を下す部分である。超自我は，親からの評価や叱責などが心の中に取り込まれて生じたものと考えられている。超自我の始まりは，自我がまだ明確にその機能を果たし始める以前にさかのぼる。子どもが親から怒られたりほめられたりするが，その合理的な理由は，子ども自身にはわからない。自分で合理的に考え判断するといった自我の機能が働きはじめる前に，自分でもわけもわからないまま，評価や叱責などにさらされ，価値観や規律を引き受けざるをえない。そうした体験が心の中に定位され機能化したものが超自我である。したがって超自我は，自我よりさらに無意識的な性格が強く衝動的である。

このような力動的な人格理論で説明のために使われている，自我やエスといった心的装置は観察することはできず，あくまでも仮説的なものである。しかしながら，このような概念を使用することで，万人に共通した原理で個人差を説明し理解することが可能となる。さらに力動的な人格理論のメリットは，それを心理療法に結びつけることが可能な点である。類型論や特性論では人格の記述は可能であっても，人格はどのように変容していくのかという点は説明できない。この点，力動的な人格理解では，人格の機序（メカニズム）を仮説することで，そこに治療的

に働きかけていくひとつの手がかりを得ることができるのである。

引用・参考文献

古川竹二（1927）血液型による気質の研究．心理学研究，2，612-634.

古川竹二（1932）血液型と気質．三省堂.

大村政男（1998）血液型と性格（新訂版）．福村出版.

Allport, G.W. & Odbert, H.S.（1936）Trait names : a psycho-lexical study. *Psychological Monographs,* 47.

Cattell, R.B.（1957）*Personality and Motivation Structure and Measurement.* World Book Co.

Eysenck, H.J.（1967）*The Biological Basis of Personality.* Springfield.

Freud, S.（1923）*Das Ich und das Es.* Internationaler Psychoanalytischer Verlag.
（邦訳：竹田青嗣（編）・中山元（訳）自我とエス．『自我論集』ちくま学芸文庫，203-272.）

Freud, S.（1908）Charakter und Analerotik. Psychiatrisch-neurologische Wochenschrift, 9（52），465-467.
（邦訳：中山元（編・訳）性格と肛門愛．『エロス論集』ちくま学芸文庫，363-373.）

Freud, S.（1905）*Drei Abhandlungen zur Sexualtheorie,* Deuticke.
（邦訳：中山元（編・訳）性理論三篇．『エロス論集』ちくま学芸文庫，17-200.）

Jung, C.G.（1921）*Psychologische Typen.* Rascher.
（邦訳：林道義（訳）タイプ論．みすず書房）

Kretschmer, E.（1921）*Körperbau und Charakter : Untersuchungen zum Konstitutionsproblem und zur Lehre von den Temperamenten.* Springer.

McCrae, P.R. & Costa, P.T.（1987）Validation of the five-factor model of personality across instruments and observers. *Journal of Personality and Social Psychology.* 52, 1223-1226.

Sheldon, W.H.（1942）*The Varieties of Temperament : a Psychology of Constitutional Differences.* Harper & Brothers.

| 学習の ヒント | ・「あなたは○○タイプですね」と，他人から性格を類型化して言われた ときに，あなたはどのように感じたり考えたりするだろう。そこでの感 じ方をもとにして，類型論の利点と欠点について考えよう。 |

・「あなたは○○タイプですね」と，他人から性格を類型化して言われた ときに，あなたはどのように感じたり考えたりするだろう。そこでの感 じ方をもとにして，類型論の利点と欠点について考えよう。

・性格を表す言葉をいくつか挙げ，どれとどれが似通っている（同じ人に 共存しやすいか）を考えてみよう。

・人間のもつ欲求・衝動と，動物のもつ欲求・衝動の違いはどこにあるだ ろうか。いくつかの例を挙げてみて，フロイトのいう欲動の意味を，さ らに深く理解しよう。

・あなたの普段の行動や思考をいくつか挙げ，それが自我によるものか， エスによるものか，超自我によるものかを考えてみよう。

41

3 | 人格を映し出す──心理査定

《目標＆ポイント》
・人格を測定したり記述したりするための心理査定と呼ばれる様々な方法について理解する。
・それぞれの方法の特徴と限界について学ぶ。
《キーワード》　観察法，　面接法，　人格検査法，　作業検査法，　質問紙法，投映法，査定（アセスメント）

───────────────────────────────────────

　人は自分自身の人格（性格）について，何らかのイメージを持っており，こうした自己イメージは，その人の行動や対人関係に影響を与えている。しかしながら，他者の目に映る「わたし」の姿は，そうした自己イメージと異なることもしばしばある。私自身がイメージする自分の姿ばかりではなく，他者から描き出された「わたし」の姿を重ね合わせることで自己に対する理解は，より豊かになり深まることも多い。

　心理学では，系統的で信頼性の高い方法によって，他者の視点から見た「わたし」の人格のありようを描き出すためのさまざまな方法が工夫されている。

1.　観察法と面接法

　もっとも基本的な方法は，観察法（observation method）である。これは，対象となる人の行動や態度などを観察し，そこから性格に関する

情報を抽出するものである。たとえば，子どもが自由に遊んでいる場面を観察し，その行動や対人関係のとり方などから性格を判断したりすることが，それにあたる。また，自由な場面ではなく，特定の玩具や道具がある部屋での行動を観察したり，何らかの状況を実験的につくって，そこでの行動を観察したりすることもある。観察法の中には，参与観察（participation observation）という手法もある。この方法では，観察者は単に見ているだけではなく，対象者と積極的に関わり，相互作用をおこないながら，対象者に関するデータを得ていく方法である。観察者が対象者に関わることは，当然ながら相手の振る舞いに影響を与えてしまうが，安定性が高い事象に関するデータを得る場合，あるいは，丹念に辛抱強く関わってこそ初めて明らかになりうるような事象を知るためには，有効な方法である。

　観察法と並び，基本的な方法として，面接法がある。これは，対象者と直接対面する状況で主として会話を通してデータの収集をおこなう方法である。観察法が行動の観察と分析を通して人格を知ろうとするのに対して，面接法では会話を通して表現された思考や感情から，人格を理解しようとする。面接法には多様な種類があるが，構造化の度合いによって区別するならば，構造化面接，非構造化面接，半構造化面接に分けられる。構造化面接とは，あらかじめ立てられた仮説に従って質問すべき項目やその順番などが決められているものであり，仮説を短時間で検証しようとするときに適している。これとは逆に非構造化面接では，手続きや質問の設定がゆるやかで，面接の過程で対象者の反応に応じて，面接者が柔軟に自由に質問をして展開させていくものであり，面接中に仮説を生成しながら質問していくこともできる。構造化と非構造化の中間形態として，半構造化面接がある。これは，あらかじめ仮説や調査観点を設定し，それに応じた質問項目も用意しているが，会話の流れに応

じて質問の順番を変更したり，場合によっては質問の追加をおこなったりする方法である。

　観察法にしろ面接法にしろ，調査者のバイアスがかかることは避けられない。調査者自身のパーソナリティ，態度，性，年齢などの要因によって，対象者の態度や感情，思考が影響を受けてしまうことがある。また，調査者の興味や関心，認知枠が回答やその解釈に影響を与え歪める場合がある。一般に構造化の度合が低い観察や面接ほど，調査者のバイアスは大きくなる可能性があり，手続きや質問項目が決定されている構造化の度合いが高いものほど，信頼性は高い（誰がいつおこなっても同じ結果になる）と考えられている。しかしながら，構造化の度合いが高い観察や面接は，あらかじめ立てられた仮説が正しいか間違っているかを検証するのには向いているが，新しい仮説を発見したり深い洞察を得たりすることは難しくなる。また，観察法や面接法では，生起頻度の低い事象や珍しい事象に関しては信頼性が低く一般化も難しいので，あまり大きく見積もらないようにというのが，一般的な注意事項である。しかしながら，それまで知られていなかった行動が観察されたり語られたりするという個別性や特殊性の中に，対象者の個別的特徴と今後の可能性を知るための重要な情報があったり，新たな発見につながる事象があったりすることも多い。

2.　人格検査法

　観察法や面接法は，人格を知るためのもっとも基本的な手法であるとはいっても，それを適切におこなうのは難しい作業である。というのも，複雑で多次元にわたる有機的構成である人格を把握するには，膨大なデータが必要であり，それらを一定時間内に得て情報として統合する

ことができるためには，人格に関する深い理解と熟練が必要であるからである。また自分自身のバイアスについても十分に自覚していなければならない。そこで，比較的短時間で人格に関する情報を系統的に知るよう工夫されたのが人格検査法である。人格検査法には，大きく分けて作業検査法，質問紙法，投映法がある。

（1） 作業検査法

作業検査法（performance test）とは，検査を受ける人（被検者）に一定の作業をおこなってもらい，作業効率等の時系列的な変化を手がかりに，その人の人格を推定するものである。もっともよく知られているものは，内田・クレペリン精神作業検査である。20世紀初頭のドイツの精神科医クレペリン（Kraepelin, E.）が精神作用の研究から見出した作業機能のパターンをもとに，日本の内田勇三郎が1920年代の半ばに現在の形に完成した検査である。この検査は，一桁の足し算を5分の休憩をはさんで前半15分，後半15分間おこない，そのスピードの変動のしかたを指標として，性格や適性を診断しようとするものである。図3−1の左に見られるように，初頭努力と呼ばれる作業量の多さが初期に見られ，休憩後には作業効率が上昇するというパターンを示すのが，健康で性格や適性面に大きな偏りのない人に典型的に出現する「定型曲線」といわれる。この定型曲線との近似や差異などから，その人の性格や適性を知ろうとするものである。

作業検査法は，日本では職業適性を知るために就職試験などで用いられることも多い。しかし，一定の観点から見たときに標準的で定型的あり方にどれだけ近いかを基準として判断するものであるゆえ，人格の複雑な側面を知るという包括性には欠けるといえる。

定型曲線の例　　　　非定型曲線の例

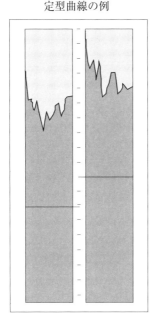

図3-1　クレペリン作業曲線の例

（2）　質問紙法

　ひとつひとつの質問に答え，その回答の集積から性格を判断する人格検査法を質問紙法（questionnaire method）という。「あなたは，初対面の人と会うのは苦手ですか」とか「大勢の人が集まるパーティーは嫌いですか」というように，ハイ・イイエの回答や，当てはまる度合いが異なる質問に答えていくことで，人格を調べようとする方法である。質問紙法は，特性論的な考え方と深く関連している。特性とは，第2章で見たように多くの状況を通じて反復される行動や態度，あるいは関連が深い行動や態度を集積し，そこから抽出し仮定したものであった。質問紙法は，まさにそれと同じ手法をとる。人格を描き出すための質問紙法で

は，その人の習慣的な行動，嗜好，態度などを問う質問を積み重ねていく。たとえば，「初対面の人と会うのは苦手だ」「パーティーなど人が集まるところは嫌いだ」「休日には外に出かけるより家にいるほうが好きだ」といった質問に対して，イエスもしくはよく当てはまると答える人は，内向的だと判断されるのである。

　質問紙法には，大きく分けて2種類がある。ひとつは，その人の性格がどのようなものであるかを包括的に記述するものである。もうひとつは，特定の心理学的な構成概念をその人がどのくらい持ち合わせているかを測定するものである。

　性格を包括的に記述しようとする質問紙法として古典的なものとしては，矢田部-ギルフォード性格検査（YG法と略称される）がある。この検査は，アメリカの心理学者ギルフォード（Guilford, J.P.）が中心になって考案した性格検査をもとに，日本の矢田部達郎らが日本人向けに質問の一部や質問の仕方を変えたり，日本人でも個人差が出るように調整を加えたりして，日本版として標準化したものである。YGという名前は，矢田部博士のイニシャルYとギルフォードのイニシャルGを組み合わせて命名されたものである。抑うつ性，神経質，支配性，社会的外向性など12の性格因子に対応する全部で120個の質問に答え，最終的にはその性格因子の得点のパターンから，平均型，不安定積極型など5つの類型（タイプ）に性格が分けられる。この検査は，施行が簡便で安定性も高く，結果として出てくるタイプ分けもわかりやすい。また，集団に適応できるタイプかどうかという観点に重きが置かれているので，学校等でよく使用されている。

　包括的な質問紙としては他にも代表的なものとして，MMPI（ミネソタ多面的人格目録，Minnesota Multiphasic Personality Inventory）がある。この質問紙では550項目に回答が求められる質問紙で，人格を多側

面から把握することのほか，そのときの精神状態の把握も意図したものである。MMPIはしかし，その尺度名に心気症尺度，パラノイア（妄想症）尺度など基本的に精神医学的な疾病分類の名称を用いているため，人格の診断というよりは，精神疾患のスクリーニング（ふるい分け）によく用いられている。

　以上は人格を包括的に把握し，個人差を描き出すものであった。これらに対して，特定の心理学的構成概念について測定しようとするものがある。たとえば，「自己愛」という構成概念を考え，それが個人にどの程度存在するかを診るものである。このような尺度は，自己愛なら自己愛の特徴だと考えられる態度や反復的行動を問う質問にあてはまるかどうかを自己回答してもらい，その集積的な傾向から判断するものである。心理学的構成概念を測定する質問紙には多くの種類があり，新しいものも次々と考えられている。

　質問紙は，回答者の自己報告に基づいているので，回答者が自分をこのように見せたいという意図的な操作が入り込む可能性は否定できない。たとえば，自分をよく見せようとして，社会的に望ましい行動や態度に関する質問には実際より高く答えたり，あるいは逆に自分を実際より悪く見せようとしたりする場合がある。このような意図的な回答を完全に排除することは困難だが，質問紙にはそれをできる限り防いだり見破ったりするための工夫がなされている。たとえば，自分を必要以上によく見せようとするバイアスを検出するための虚偽尺度（Lie Scale）という項目が，質問紙には混ぜられている。この得点が高い場合には，質問紙への回答の信頼性に疑問ありということになる。

　さらには，バッファー項目という，質問紙の意図とはまったく関連しない質問項目を混ぜ，何について測定しているのかを悟られないようにして，意識的な操作が入りにくいよう工夫することもある。このような

工夫がなされているが，質問紙法ではやはり，それが回答者の自己報告であるという点で限界がある。たとえば，「あなたは人に親切なほうですか」という質問に対して，実際にはひどく不親切な人でも，自分で親切だと思い込んでいるなら，ハイと答えてしまうであろう。しかし逆にいえば，これこそが質問紙の特徴だともいえる。すなわち，その人の人格の実在次元ではなく，自分でそのように思っている自分，自分でそのように認知している自分という，人格の認知的次元が現れてくるのである。自分で思い込んでいる自分が反映されるということは，たしかに一定の制約だが，そのように思い込んでいることをその人の性格として考えることもできる。「あなたは親切なほうですか」という質問は，その人が親切であるかどうかを測るものでなく，その人が自分に対してポジティブなイメージを描きやすいかどうか，人に対して自分をよく見せようとしているかどうかを測るための質問として利用できるのである。

（3）投映法

　質問紙は自分でそのように把握している自己像を把握するので，そこで描き出される人格は，どちらかといえば意識に近いレベルであるといえる。これに対して，自分では意識していない人格の層を描き出すことができると考えられているのが，投映法（projective method）である。投映法とは，どのようにでもとれるあいまいな刺激を与えて，それをどのように意味づけるかを見ることで，人格を測定しようとするものである。投映法という名称とその理論的基盤は，アメリカのフランク（Frank L.K., 1939）によって提唱された。それ以前にも後述するロールシャッハ法やTATといった今日でも代表的な投映法はすでに使用されており，彼がなした仕事は，これらに共通の理論的基盤を与えたということである。フランクは次のように述べる，「人格は，個人が生活上の状況

第3章 人格を映し出す──心理査定 | 49

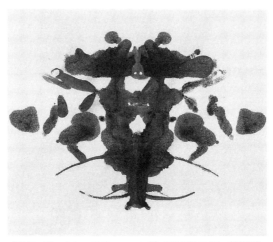

図3-2 ロールシャッハ法の図版の例（模擬）

を組織化しパターン化し，それに効果的に応答するものである。すなわち，自分の生活空間を構造化するものである。投映法は，その時点に至るまで発達してきた人格のプロセスを，呼び起こすことができるのである」と。人格は自分が生きる環境から与えられる情報を組織化するのを，能動的に意味づけている。同じ状況でも人によってその意味づけが異なることにこそ，その人らしい特徴が現れる。質問紙法が，誰にでも同じ意味をもつ質問を与えて，それに対する反応で個人差を見ようとしていたのに対して，投映法では，そもそも意味づけが多様で個人差が出てくるような，解釈の自由度の高いあいまいな刺激を与えて，その回答から人格を把握しようとするものである。

　投映法の例を挙げてみよう。まず代表的なのは，ロールシャッハ法（Rorschach technique）である。図3-2のように，ほぼ左右対称のインクのしみが印刷されたカードを全部で10枚見せて，それぞれが何に見えるかを答えてもらうことで，人格を知ろうとするものである。このよ

図3-3　TAT図版の例（模擬）

うに曖昧な刺激が与えられると，人はそれを見定めよう，意味を見出そうとして努力を開始する。もしそのような努力が自然と生じないのであれば，それはそれで人格を知るためのヒントとなる。曖昧なものを見定めようとする努力の中では，それまでの自分の経験や記憶，これまで積み上げてきたものの見方や考え方などが総動員される。そこにこそ，その人の個人的な特徴が現れてくると考えられているのである。ロールシャッハ法では，まずそこに「何が見えるか（反応内容）」ということに，その人らしさが現れる。また，図版の「どの部分をみたか（反応領域）」ということも大切である。図版の全部を使って答えるか，答えやすい一部だけを使って適当に反応するか，非常に細かい部分に着目して答えるかといったことにも，その人らしさが表れる。さらには，図版の形に着目するのか，色に着目するのか，空白部分に着目するのか，色の濃い薄いに着目するのか，実際には静止している図版なのに動きを想像して答えるのかといった，「図版のどのような性質を使用して答えたか（反応様式）」も，人格を知るための手がかりとなる。

図3-4　バウム法（模擬）

　ロールシャッハ法のほかに，よく使用される代表的な投映法としては，TAT（Thematic Apperception Test，主題統覚検査）がある（図3-3）。Apperception（統覚）とは，さまざまな知覚的要素をつなぎ合わせて構成し，ひとつの意味を作り出そうとする，知覚の中でも能動的な働きを意味する。TATでは，人物が登場する絵を見て，それをもとに物語を作ってもらうということをおこなう。TATの刺激図版に描かれている場面は，概して，人生の何らかの転機や危機，葛藤を連想させるシーンが多く，そのシーンがこれまでどんな経過で今に至り，今がどんな状況で，これからどうなるのかを語ってもらうことで，そのストーリーに語り手の人となりが現れると考えられている。転機や危機，葛藤場面とは，日常のルーチンが崩れた危機的な状況であり，そのときにこそ私たちは，それまでの自分の経験や記憶を動員し，そこでの課題を何とか解決しようとする。その能動的な営みにこそ人格のあり方が反映されると考えられるからである。

　他にも，日本でよく用いられる投映法として，描画法（drawing tech-

図3-5　風景構成法（模擬）

nique）と呼ばれる一連の技法がある。これは特定のテーマで絵を描いてもらい，それによって人格を判断しようというものである。たとえば，木の絵を描いてもらうバウム法（Baum method）（前頁の図3-4），風景を描いてもらう風景構成法（LMT: Landscape Montage Technique）（図3-5）などが，よく用いられる。こうした描画には，その人が自分の住まう世界や出会う対象をどのように表象しているかが表れると考えられている。たとえば，子どもが描く絵に描かれるアイテムや構造は，年齢によって変化していくが，そこには，子どもが世界をどのように認知して表象しているかといった，子どもの世界の見方が反映される。これと同じように，成人であっても，個人が1枚の紙の上にひとつの意味ある形を作り上げていくプロセスと構造には，その人の世界の構成の仕方が反映されると考えられ，それを通して人格を知ることができるのである（大山，2003）。

（4）　投映法の批判的検討と可能性

　投映法で得られた人格に関する情報は，多面的で複雑である。質問紙法では，結果は明確な数値で示され解釈も比較的容易であるのに対して，投映法では，得られた複雑で質的なデータを再度解釈しなくてはならない。したがって，同じデータが与えられたとしても解釈者によって，その意味づけが異なることがある。これは，解釈者の主観が影響することだといってもよい。したがって投映法においても，できるだけ解釈者の主観的なバイアスが入り込まぬよう，解釈法の訓練を受けることが重要な前提となる。しかしながら，投映法が曖昧な状況に対する被検者の意味づけというのであれば，検査者の存在自体もひとつの状況を構成する要因である。実際，検査者の性別や外見的印象等も被検者の反応に影響を与えうることが知られている。このように投映法では，そのプロセスに関わる検査者の影響を排除することはできないのである。

　しかし，それこそが投映法の醍醐味でもある。検査者は検査の実施において，自分が被検者を前にしてどのようにあるべきかということに，最大限に留意するであろう。そして，その人を理解しようとして自分のこれまでの経験や記憶を動員するであろう。また，被検者の側からも，検査者に対人的に関わるという状況が生じている。たとえば，質問紙法では，検査者がいないところで被検者が一人で回答するということもあり得るが，投映法の場合そこには必ず検査者がいて，その検査者に向けて反応が呈示される。その意味では投映法での反応とは，検査者に向けて被検者が語ったり表現したりすることであり，検査者へ向けたメッセージでもあるといえるのである（大山，2004）。

　以上のように考えるならば，投映法の検査は，心理療法での人間関係と重なる部分も多い。実際，投映法の検査を受けると，質問紙のとき以上に，検査者に対して特別な感情を持ったり，気持ちがリフレッシュし

たり，逆にかき乱されたりすることもしばしば生じる。投映法をおこなうときには，このような点に関してもしっかりと注意しておく必要がある。

3. 人格を理解するということ

（1）　人格検査法の意義

　ここまで，質問紙法と投映法という手法について述べてきたが，こうした心理検査で本当にその人のことがわかるのかという疑問が生じてくるかもしれない。この問いに対しては，次のように答えるしかないであろう。すなわち，人格検査法では人格を理解していくための，ひとつの手がかりを得ることができるにすぎない，と。人格検査法で得られるデータは，人格という複雑な現象を，ある観点から抽出し単純化して描き出したものである。ちょうどそれは，地図のようなものである。たとえば，京都の地図を見たからもう京都のことは何でもわかる，京都に行く必要はないなどと思う人はいないであろう。地図を見るということは，その場所に行きその場所をもっとよく知るための，手がかりを得ることにすぎない。また地図には，そこに存在するあらゆるものが記してあるわけではなく，ごく一部の情報が単純化され記号化された形で載せてあるにすぎない。もし地図に，何から何まで詳細に描かれていたとしたら，複雑すぎて却って役に立たないであろう。地図は単純化されているからこそ，ひとつの指針として役に立つのである。

　人格検査法もこれと似たところがある。人格検査法で描き出されるものは，複雑で豊かな人格のごく一部を抽象化したものにすぎないが，だからこそ人格という複雑なものに出会い，ともに旅をしていくときの，ひとつの指針となり得るのである。そして，地図に載っているものを見

つけたときの喜びよりも，地図に記載されていないものに出会ったときのほうが驚きや感動も大きいように，人に出会いともに歩んでいくときには，むしろ人格検査法では得られない新たな側面に出会ったり，気付いたりすることこそが貴重なのである。

（2）　査定（アセスメント）という概念

　ここまで論じてきたように，人格検査法では，その道具としての可能性と限界について考察することもさることながら，そこで得られるデータを私たちがどのように考え利用するかという，私たちの態度のほうにも考察の目を向けるべきである。人格検査によって他者や自分のことをわかったようなつもりになることは，厳しく戒められるべきである。人が人を知るということは，知り得ないものに対する尊敬がつねにあってこそ，初めて正しく機能するものである。

　人格を知るためにさまざまな検査をおこなうことは「検査 test」や「測定 measure」ではなく，「査定（アセスメント）assessment」と呼ばれている。査定（アセスメント）とは一言でいえば，多くの側面から，その人を統合的に捉えようとすることである。たとえば，何らかの人格検査をおこなったとき，その手続きから得られるデータだけではなく，検査時の非言語的情報を加味して判断したり，あるいは生活史を聴取して判断材料に加えたりすることもある。また，ひとつの人格検査だけでは捉えきれない側面を補足的に描き出すために，いくつかの検査を組み合わせて統合的に解釈するテストバッテリーと呼ばれる方法を用いることもある。

　特に投映法での被検者の反応は，検査者との人間関係の中で表出される検査者に対する一種のメッセージであるということを考えるならば，検査者は自分自身が与えている影響，被検者とのあいだで生じている関

係性なども，査定の際には考慮しなければならない。ここで留意すべき
は，信頼性の高い心理査定をおこなうためには，単に多くの検査や情報
を積み重ねればよいというものではないことである。できるだけ多くの
情報を得ようと無闇に人格検査をおこなっていくのは，結局はその人を
切り刻んでしまうことになる。査定において重要なのは，適切な共感能
力と想像力である。心を最大限に繊細にしなやかに働かせ，こちら側か
らの視点ではなく，相手の側の視点から感じ想像することができるとい
う能力が求められる。これは考古学において，発掘された土器の欠片か
ら，土器の全体像を復元する作業にも似ている。一部から全体を復元す
るためには，破片をジグゾーパズルのように組み立てていくだけでは足
りない。その時代時代の土器の様式に通暁している必要があるばかりで
なく，その時代の人の生活や指の動きでさえも想像するようなイマジネ
ーションが必要であるかもしれない。人格の査定も，これと同じである。

　このように人格を査定することの根本には，人間として相手を尊重し
て，その全体性に常に思いを巡らせていくということが基盤にある。こ
のことは，心理学全体においても，決して忘れられてはならないことで
ある。

参考文献

内田勇三郎（1951）内田クレペリン精神検査手引．日本・精神技術研究所．

大山泰宏（2003）心理臨床アセスメントとしての描画法．児童心理学の進歩，42
　（2003年度版），金子書房，198-219．

大山泰宏（2004）イメージを語る技法．皆藤章（編）臨床心理査定技法2．臨床心
　理学全書7．誠信書房，51-99．

辻岡美延（1965）新性格検査法：Y-G 性格検査実施・応用・研究手引．竹井機器工業．

Frank, L.K.（1939）Projective methods for the study of personality. *The Journal of Psychology*, 8, 389–414.

- 質問紙法にみられる発想と，特性論的発想とは，どのようなつながりがあるのか。第2章のアイゼンクの図をもとに，再確認してみよう。
- 自分がこれまで受けてきた性格検査について思い出してみよう。職業適性検査，入社試験，運転免許取得時，学校などで，どのような検査を受けてきて，それはどのようなものだっただろうか。

4 | 人格理論の多様性

《目標＆ポイント》
・伝統的な人格理論を乗り越えようとして出てきた，さまざまな人格理論の
　発展について知る。
・状況から切り離すことができないものとして，人格を捉え直す。
・脳科学が人格をどのように説明しているのかを知ることで人格の生物学的
　基盤について理解する。
・構成主義的な考え方から人格がどのように捉えられるのか，ジェンダーと
　いう切り口から理解する。
《キーワード》 人−状況論争，脳の構造，社会構成主義，ジェンダー

---

1. 状況論的な人格理論

（1） 個人差か状況か

　すでに述べてきたように，人格とは個人差を説明するための概念であ
る。類型論，特性論，力動論のいずれにおいても，「人となり」に関連
づけることで，その人の行動を理解したり予測したりしようとしてい
た。そこでは，人の行動や態度の原因は，性格・人格にあると仮定され
ているのである。

　しかしほんとうに，人間の振る舞いはその人が持っている性格から十
分に説明されうるのであろうか。もし人間の振る舞いが，個人のそうし
た内的要因よりも個人の置かれた状況からの影響のほうを大きく受けて

生じるのであるならば，人格や個人差といった概念はそもそも無効になってしまうのではないのか。このような疑問を呈して，それまでの人格理論に対して批判をおこなったのが，アメリカの心理学者のミシェル（Mischel, W.）であった。ミシェルは，1968年に出版された"*Personality and Assessment*"において，それまでの人格研究の問題点を指摘した。すなわち，①人格特性は観察された行動から推測され，行動はその特性から説明されるという循環論に陥っている。②質問紙によって同定された個人差と，様々な状況で実際に観察される行動との相関は，実はかなり低く，個人差による状況を超えた行動の一貫性は，これまで仮定されていたよりずっと少ない。③人間の行動は，必ず特定の状況のもとで生じているので，状況から切り離して人格を論じることは無意味である。④人格特性は行動の観察によって推測されるので，観察者の認知的要因の影響が入っており，それも考慮すべきである。ミシェルによるこうした鋭い問いかけは，当時の人格心理学者たちの頭を悩ませ，いわゆる「人―状況論争」と呼ばれるものが1970年から1980年初期まで10年以上にわたり続いた。ある者は，人間の行動とは個人差よりも状況差のほうから，よりはっきりと説明がつき予想もできるので，人格という概念は無用であると主張した。またある者は，個人差ということは，ギリシアの昔からずっと議論されてきており，個人差があるということは私たちの直感的理解から自明であり日常的な人間理解でも用いられているように，有効な概念であり捨て去るべきではないと主張した。こうした論争と関連しつつ，一方では第5章で述べるような社会心理学を中心として，人や集団の行動を状況要因から説明する研究が展開されていった。また一方では，第2章で述べた「ビッグ・ファイブ」の考え方のように，個人差としての確固たる基盤を求める研究が展開された。

　ミシェルが主張したのは，伝統的な人格とか性格という概念が決して

無用であるということではなく，人間の行動について考慮する際には，その状況と切り離すべきではないということであった。人−状況論争に関わるその後の研究では，人間の行動はやはり状況要因だけでは十分に説明することができないことが示され，状況と人格特性との両方が相互作用して人の行動が生じているという立場に，だんだんと落ち着いてきた。人−状況論争を通じて人格について研究するうえでの重要な観点が認識されることとなった。たとえば，外側から観察される状況が同じであっても，状況の意味づけや認知は個々人で異なっており，こうした個人の状況の認知が重要であることが意識されたり，また，「他者との社会的場面」といったような場面であっても，その「他者」が同僚であるか家族であるか見知らぬ人であるかで行動は異なってくるように，状況は細やかに分類されて考えられるべきであるということなどである。

（2） サリヴァンの人格理論

　人−状況論争よりも30年前，人間に一貫した性格傾向がもともと存在しているという考え方に，精神医学と心理療法の分野で疑問を呈したのが，アメリカの精神科医のサリヴァン（Sullivan, H.S.）であった。サリヴァンは，オルポートらが人格特性語を抽出してリストを作った研究（第2章参照）に対して，「まったくご苦労なことだ」と皮肉交じりに批判し，自らは次のような人格の定義をおこなった。すなわち「人格とは，反復生起して，ある人の人生を特徴づける，対人的な場の比較的恒常的なパターンである」というものである。サリヴァンが着目したのは，まず，人格とは必ず対人的な状況の中で現出し認識され記述されるということである。この人は陽気な性格だというときには，まず，他の人たちと比較しているという対人的関係がある。また，その人の「陽気な」振る舞いに立ち会い認識している人がいるという，対人的関係がある。さ

らに「陽気な性格」という実体を認めるとしても，人の性格は他者との関わりの中で形成されてきたものであるという対人関係がある。このように，その人の人格や性格とされるものには，何重にも対人関係が関わっており，対人関係を抜きにして人格を考えることはできないのである。つまり，サリヴァンは，人格とは個人個人がもともと持っている特質によるものではなく，人間関係から作られるものであると考えたのである。したがって，対人関係が変われば，その人の性格は変わるとした。「対人関係の数だけ人格は存在する」というのは，サリヴァンの立場を端的に示す有名な言葉である。

　こうしたサリヴァンの考え方は，彼の精神疾患に対する考え方にも反映されている。当時，そして現在でも，脳機能や中枢神経系の情報伝達の障害として生物学的な要因が主に考えられている統合失調症でさえ，サリヴァンは，人間関係の中で現出している病であると考え，しかるべき対人関係の場を提供すれば治療可能であると考えた。彼は，統合失調症の患者たちは，歪んだ人間関係に晒され続け，自らの安全を保つためには歪んだ防衛のパターンを身にまとわざるをえなかったのだと考え，そのような防衛のパターンを解くことのできる新たな場と関わりを提供することが重要だと考えた。人間関係が原因で病んだからこそ，人間関係によってこそ回復できるのだというわけである。実際に彼は，男性統合失調症の患者たちの入院治療で手厚い看護と親密な人間関係を提供することで，ふつうは3割程度の寛解（回復）率であるところ，向精神薬もなかった当時に8割の治癒という驚くべき治療成果をあげたといわれている。この8割の寛解率は，彼が運営した病棟という特殊な環境の中でのみ持続するのか，それとも退院後も継続するものなのか，その後フォロー調査がなされていないので信頼性には疑いもあるが，それでもなお，人格は関係性の影響を大きく受けていること，そして人間関係によ

って変容が可能であることを，はっきりと示しているといえるであろう。

2. 脳科学からみた人格

（1） 脳の構造と大脳新皮質

　脳が人間の心と関連があることを疑う者は，現代ではまずいないであろう。脳は人間の心そのものではないにしても，脳の仕組みについて知ることは，人間の意識や思考，行動などについて知るうえで重要な知見を与えてくれる。

　脳と心の機能との関連を，探求しようという試みは，第1章で述べたようにオーストリアのガル（Gall, F.J.）に始まる。彼は，人間の精神活動を27個に分け，それが対応する脳の部位を考えた。この考え方の科学的な妥当性に関しては，当時から疑問視されていたが，特定の能力は特定の脳の場所に対応するという脳の局在論という考え方につながる発想だといえる。

　現在では，人間の諸機能の優劣は，単純に量的に脳のどこが発達しているかということに帰属させられるものではないが，能力の諸要素をそれぞれ主に担っている部位があるということは，ほぼ認められている。こうした考え方は脳機能局在論といわれる。解剖学的には，ヒトの脳は，大脳（終脳），間脳，小脳，中脳，橋（脳），延髄，脊髄に分けられ，それぞれは図4-1のように位置づけられる。この構造は，生物の進化から見ると，古層の脳の上に新しい脳が覆い被さっているということになる。そして新しい脳は，古い脳をより細やかにコントロールしているという構造である。ヒトでは他の生物に比べ，大脳新皮質がもっとも発達している。大脳新皮質とは，大脳の表面に広がる神経細胞が整然と集まった層であり，知覚，思考，記憶，随意運動など，脳の高次機能が担

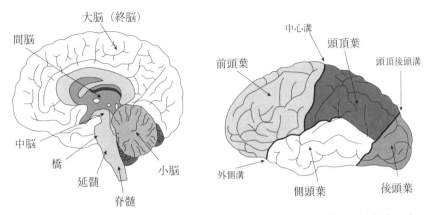

図4-1　脳の区分　　　　図4-2　大脳新皮質の解剖学的区分

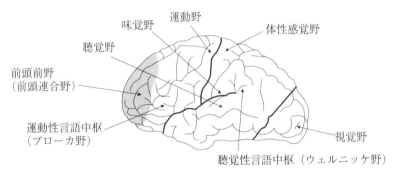

図4-3　大脳新皮質の機能的区分（機能の局在）

われている。表面積を確保しつつ頭蓋の中に納めるために，多数の皺（溝）が存在するが，その中でもとりわけ深い溝をもとに区分して，大脳新皮質は，解剖学的には，前頭葉，側頭葉，頭頂葉，後頭葉に分けられる（図4-2）。また機能局在的に分けるならば，運動野，体性感覚野，視覚野，聴覚野，嗅覚野，味覚野，言語野など，機能の諸中枢が特定されている（図4-3）。また，解剖学的に分類されたそれぞれの領野に連

合野と呼ばれる部分がある。連合野では，神経細胞が成す層の構造が，運動野と感覚野の両方の特徴を併せもつものとなっており，機能的には両者の結びつきを統合するとともに，活動の自由度を保証する部分となっている。連合野は霊長類で進化にしたがって大きくなるので，人間の精神活動の中でも，より高次の処理をおこなうと考えられている。特に前頭葉の連合野である前頭前野（前頭連合野）は，ヒトでもっとも大きく発達している。ここでは，視覚情報の制御と処理，短期記憶（作業記憶）の貯蔵，感情の制御，行動の計画と企図などが担われているほか，脳のそれぞれの分野の情報を統合することがわかってきており，自我あるいは意識の座ともいわれる。

（2）　感情と大脳辺縁系

　脳から人格を考える際に，大脳新皮質と同時に重要なのが，大脳辺縁系である。大脳辺縁系は，情緒や欲動，記憶に深く関わる場所であるといわれており，原皮質，古皮質，海馬，扁桃体などから成り，間脳（視床，視床下部）を含める場合もある（図4-4）。大脳辺縁系は，生物の進化・発生的には，哺乳類から発達する脳の部分である。ヒトは大脳新皮質の発達によって表象や運動企図や計画の能力あるいは言語等を獲得したが，大脳辺縁系はそれ以前のあり方に関わっている。すなわち情動的な反応や愛着，あるいは体系化されていない短期的な記憶など，個体が結びついたり状況を意味づけて即座の反応をしていくために重要な役割を果たす部分である。たとえば，人間の五感の中でもっとも原始的な感覚であるといわれる嗅覚は，大脳辺縁系によって処理されるので，嗅覚は好き嫌いの判断や，情動的な体験や記憶と結びつきやすい。また，「何か臭う」とか「どうもあいつは臭い」というように，明確に意味づけされる以前の直感的な予感とも結びついている。

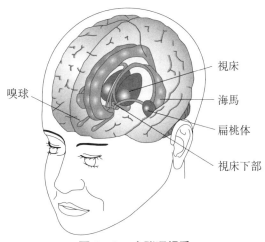

図4-4　大脳辺縁系

　辺縁系の働きから人格を理解するうえで，特に重要なのが，海馬である。海馬は，記憶の形成や保持に重要な働きをするといわれている。私たちが体験したことは，大脳で意味的な処理をされる以前に，いったんこの海馬にしばらくのあいだ蓄えられる。コンピューターの譬えでいうならば，海馬はメモリのようなものである。その記憶は過去の記憶と結びつけられたり，比較されたりといった意味処理をまだされていないので断片的である。海馬に蓄えられているあいだに記憶は整理され，大脳新皮質に伝えられ，体系化された記憶となり，長期的に残るようになる。

　海馬の先端には情動に関する中心的な役割を担う扁桃体がある。この脳の構造が意味することは，意味化される以前の体験と記憶は，情動体験と深く結びついているということである。情動体験は，生体に対して，外界から突然やってくる物事への即座の反応や構えを引き起こし，私たちが記憶や知識を介して複雑な判断をする以前に，当面の生命の保全に必要な行動をとらせる。とりわけ，扁桃体は生命の維持のためには，

まずもって重要な危険を察知するための情動である恐怖の情動と深く結びついていることが知られている。

（3） 脳の可塑性と脳研究

ヒトの誕生直後，脳のシナプスはさまざまな結合を試みて，きわめて冗長なものである。やがて，その環境の中で生き延びるために有効な結びつきのみが残り強化され，他の不必要な結びつきは消滅していくということによって，特定の環境に適応するようになる。

脳の中でも大脳新皮質のシナプスは，きわめて可塑性に富んでおり，成人になっても変化消長することが知られている。すでに述べたように，脳の局在的な機能があるにしても，脳は同時に相当な柔軟性ももっている。それがゆえに，脳の一部にダメージを受けても，ある程度の機能の回復が期待できることもある。このように人間の脳には生涯を通じて経験を介して作り上げられる部分が多いため，人間は実に多様な環境に適応でき，また文化的な多様性をもっているのである。そして，人間らしい価値の追究や表象といった領域は，こうした可塑性のある領域に関わっているのである。

現在，脳の研究では，fMRI（functional magnetic resonance imaging）や NIRS（near infra-red spectroscopy）といった装置により，脳が活動している状態のまま調べることができるようになってきた。従来は，活動状態を見るには脳波測定をおこなったり，また脳の解剖学的な形状によってその機能を推測したりしていたが，現在では活動状態をイメージング（視覚化）して調べることができるようになった。そのため，人間の認知や感情といった機能，あるいは思考といった高次機能と脳活動との関連に関する研究が，ますます盛んになっている。

3. 構成主義からみた人格とジェンダー

（1） 構成主義的な人格理論

　本章の第1節では，人格を状況と不可分のものとして考える見方を示し，第2節では脳から人格を理解することを試みた。さらにもうひとつ，人格を新しい観点から考えるためのヒントを与えてくれる考え方は，構成主義（constructivism）と呼ばれる思想潮流である。構成主義は，心理学，社会学，教育方法など実にさまざまな領域に広がっており，それぞれの領域のコンテクストに依拠しながら多様な発展を示している。それらが共通して主張するのは，現実（リアリティ）というものは，実体として実在するものではなく，私たちの認知の枠組み，言語，コミュニケーション，などによって作り上げられたものである，とする考え方である。たとえば，私たちが認識し表象している世界は，私たち人間の感覚器官が捉えることのできる可聴域，電磁波の周波数帯などに依拠している。したがって人間とダニとでは，同じ空間的な場所を共有しながらも，認知して作り上げている世界は，異なるものであろう。ここまで極端ではないにしても，たとえば，ひとつの学習場面を取り上げてみても，子どもひとりひとりにとって，それぞれの子どもが生きてきたコンテクストや動機などによって，学習場面の意味づけや学習方略は異なってくるはずである。そこで，子どもがどのように課題や問題を認知し意味づけていくかを重視しながら学習を支援するのが，構成主義的な教育方法となる。

　本章の第1節では，人と状況との相互作用として人格を捉えることが重要であることを指摘した。またその際，状況というものは客観的に規定されるものではなく，それを認知し定義づけているその人にとっての環境であるということを重視するべきであることを強調した。構成主義

の人格理論では，この観点をさらに押し進めることになる。環境という
ものが認識者から独立して実体として存在するのではなく，個人個人が
意味づけて構成したものの結果として表れているのであれば，環境–人
という二分法は無意味になる。環境といえどもそれは，個人の意味構成
（personal constructs）の中にあるのである。このようなラディカルな主
張をいち早くしていたのが，アメリカの心理学者ケリー（Kelly, G.）で
ある。ケリーは人間は日常生活においても，一種の科学者のように，世
界を観察し，仮説を立て検証し，解釈し，分類し，自分なりの理論や信
念を立てていると考えた。そして，この理論や信念は，ときには誤って
しまうこともある。そのようなときに人は，さまざまな不適応を生じて
しまうというのである。ケリーは人格を，外部から観察される特性で記
述し評価するのではなく，個人が何に対してどのような意味づけをなし
ているかということから描きだすべきだと考え，彼自身の手によるユニ
ークな人格検査を開発した。

　この人格検査は現在では使用されることは少ないが，個人の対人関係
や世界に対する意味づけを知るための，基本的で重要なアイディアを提
供してくれている。ケリーの人格理論は，現代のナラティヴ心理学（第
9章参照）による人格理論の先駆的な形だともいえる。

（2）　ジェンダーと人格

　このような個人が構成する意味世界はいかにして作り上げられるので
あろう。人は人の中で成長し人格を作り上げていくことからもわかるよ
うに，こうした意味世界はまさに，他者との関わりの中で次第に作り上
げられていくものである。たとえば，私たちは，自分自身で自律的に考
え，自分の判断で行動していると思っても，それは誰かの意見であった
り，どこかで自分が聞いたりしたものであるということにふと気付くこ

とがあるが，こうしたことは誰しもが経験することであろう。赤信号で
は道路を渡らないということを自分なりの主体的な判断として考えてい
るとしても，それは，もともとは社会的に構成された規約であり，教え
られたものである。このように，私たちのものの考え方や行為は，特定
の行為に対する報酬やサンクションを通じて形成されたものであること
は，容易に想像しうる。

　そこからさらに進んで，私たちが自分自身として捉えている自己でさ
えも，社会的に構成されたものであると考えることもできる。私が私と
して自分を規定するとき，そこには必ず，他者や社会というものが介在
している。たとえば，まず私は他者との差異化のうえに存在する。ま
た，私たちは自分で自分を規定するようになる前に，他者から名前を付
けられ，自分がどのような存在であるのかということを他者から語りか
けられる中で成長していく。私たちが成長して社会的に適応した生活を
送れるようになるということは，社会的に構成された規範を取り入れた
ということである。また，自分で自己を定義するようになったときでさ
え，私たちの好みや考え，記憶といったものは，他者に対して呈示され
他者が了解したときにのみ意味をもつのである。このように，個人の意
味世界は社会的に作りあげられていくと主張する考え方を，特に社会構
成主義という。

　人が他者と対比させたり同一化したりしながら自分を意味づけていく
うえで，特に性差というものは，それを認めるにしろ拒否するにしろ，
暗黙のうちに大きな規定要因となっている。自分自身をどのような性と
して表象するか，あるいは他者をどのような性に帰属させるかがいかに
強力な意味をもつのかは，性同一性障害の人々の苦しみをみればうなず
けるところである。人は，女性あるいは男性としての生殖器官を備え，
生物学的な性（セックス）をもって生まれてくる。その生物学的な性

は，人が自分を女性としてあるいは男性として，ときにはそのどちらでもないものとして自分を表象する性（ジェンダー）と一致する場合と一致しない場合もある。

　ジェンダーがどのように形成されてくるかに関しては，さまざまな議論がある。一方の極には，いわゆる本質主義的な見方がある。これは，ジェンダー差は，男女の本質的な差異から生じる当然のものだとする考え方である。本質主義の議論では，たとえば，男女の認知や振る舞いの差は，脳の構造がそもそも違うとか，人間は原始時代から男性が狩りに出て女性は家やコミュニティを守るものであるのだというような言説として主張される。母親の役割等に関しても，女性が子どもを生むがゆえに，子どもを育てるのも女性に自然なことだと主張したりする。

　しかしながら，他の生物や，人類においても他の文化を見た場合，必ずしもそのような本質主義的な見方には当てはまらない事象も多い。たとえば，オスが子育ての中心を担う生物も多い。また，女性が狩りや戦闘をする部族の存在も知られている。ジェンダーを考えていく際には，本質主義的な考えを素朴に主張するのではなく，ジェンダー差が社会的に構成されていく過程があるということに関して，まずは意識的であるべきである。

　ジェンダーの社会的構成に関しては，次の2つの点から考えることができる。ひとつは，男女それぞれの行動特徴や性格特性とされるものが，どのように社会的，歴史的に構成されていくかということ，もうひとつは，そのような特性を個人がどのように女性あるいは男性として引き受け所有していくのかということである。前者に関しては，本書の第11章で触れるので，ここでは，後者すなわちジェンダーをどのように個人が特性としてもつようになっていくのかということに関して，簡単に述べてみたい。これは，まずは行動の強化ということから説明される。

子どもがジェンダーに則した振る舞いをすると，それは親からほめられ，則した振る舞いでなければ，叱責を受ける。たとえば，女の子が人形遊びをしたらほめられるが，男の子がそれをすると怒られたり揶揄されたりするであろう。こうした直接的な強化でなくとも，代理強化（第6章参照）と呼ばれるものもある。自分でなくとも，友達がジェンダー化された行動に対して，ほめられていれば，それを見ている子どもは，その行動を望ましいものとして，自分も取り入れることになる。さらに，テレビや映画，雑誌などには，ジェンダー差に特化したイメージがあふれている。それを見ることによって，自分でも同様の行動を取るようになっていくのである。

（3）　心理学におけるジェンダー研究

　ジェンダーの構成を考えていくには，男女それぞれに特徴的な行動の形成というばかりでなく，人が心理的に自分をそのように規定し，表象していくようになるということに関しても，考えなければなるまい。そのために，心理学でのジェンダー研究を概観してみよう。

　性差を直接対象としたもの，あるいは性差による何らかの別の指標における差を見るにしろ，性差に関する研究は，心理学の中でも盛んであった。男性性，女性性という言葉は，現在でもしばしば力動的な人格理論の中で用いられることもある。男性性，女性性とは一種の性格特性のようなものとして考えられ，男性性と女性性は対極のものとして，言い換えれば，一次元の両極として見られていた。すなわち，男性性に傾いていれば，より女性的ではないという具合である。この因習的な考え方に対して，サンドラ・ベム（Bem, 1974）はアンドロジニー（両性具有）の概念を提唱した。それによると，男性性と女性性は，本来別の次元を構成するものであり，したがって男性的でありかつ女性的である，とい

うようなあり方も可能だとするものである。ベムは，アンドロジニーを測定する質問紙としてベム性役割尺度（BSRI：Bem Sex Role Inventory）を作成して，男性性の次元と女性性の次元とには，相関性がないことを示した。

　ベムの仕事は十分に革新的であったが，まだ男性性と女性性は，それぞれのジェンダー役割のステレオタイプに帰属させられた固定的なものであった。すなわち，何が男性的で何が女性的であるかというのは，因習的な男性イメージ，女性イメージに依っており，それにしたがって個人をカテゴリー化し性別化するというものであった。この限界に対する乗りこえは，その後ベム自身によってなされた。彼女は男性性と女性性は人格の特性というよりむしろ「文化的レンズ」であるという見解を提唱したのである（Bem, 1981）。ベムはジェンダーとは個人の性格の集積ではなく，文化的に個人に埋め込まれたスキーマで，個人の経験に意味とつながりとを与えるために作られた情動的／認知的構造として定義したのである。すなわち，ジェンダーにはジェンダーを構成する実体的な特性があるのではなく，文化的に構成された情報処理のスキーマとして，特定の行動や態度・嗜好の特徴を，女性的であるとか男性的であるとか割り振るものであると考えたのである。

　同じくキャロライン・シェリフ（Sherif, 1982）は，ジェンダーを情報処理スキーマとする主張をおこなっている。「ジェンダーをもっとも正確に記述することができるのは，それを社会的水準において主に機能する社会的カテゴリーシステムとして捉えた場合である」というのである。今日では，ジェンダーは私たちが参照している社会的カテゴリーであるという認識は，一般的となっている。つまり，社会や個人が表象されるときに，重きがおかれる作業枠であるというのである。このように，ジェンダーは永続的な人格特性というより，社会的に構成されるも

のであると考えられるようになった。

　現在でも，ジェンダーの心理的構成に関する理論には，多様性がある。一方には先述したような，ジェンダーは人間の持続的な内的性格ではなく，それが適切だと理解されるような相互行為に存在しているものだとする構成主義的立場がある。また別の端には，ジェンダーはもともと生物学的あるいは遺伝子的に決定される性差であるとする本質主義的立場も根強くある。こうした個人的なジェンダーの構成ばかりでなく，ジェンダーは社会集団成員が自己規定する際のカテゴリーであり，集団的なアイデンティティであると見なす考え方もある。

　心理学においては，ジェンダーの概念について反省的に思考することの重要性に関しては，まだ十分に意識されているとは言い難い。脳の男女差をみたり，認知能力の性差をみたり，あるいはいくつかの心理学的な構成概念の性差をみたりという，男女の差に関する研究は，多くおこなわれている。しかしながら，そのような研究では，男性と女性の差が，ほかの指標より極端に強調されて示されたり，男性と女性の各集団の平均値のわずかな差にすぎないものが，両者の集団の二分法的な特徴づけにすり替えられたりしていることがしばしばある。人格を研究する際には，ジェンダーというカテゴリーそのものに関して，反省的に捉えられていく必要があるだろう。

引用・参考文献

Bem, S.L.（1974）The measurement of psychological androgyny. *Journal of Counseling and Clinical Psychology*, 45, 196–205.

Bem, S.L.（1981）Gender schema theory: a cognitive account of sex typing. *Psychological Review*, 88, 354–64.

Kelly, G.A.（1955）*The Psychology of Personal Constructs*. Norton.

LeDoux, J.（1996）*The Emotional Brain: The Mysterious Underpinnings of Emotional Life*. Simon & Schuster.
（邦訳：松本元・川村光毅他（訳）（2003）エモーショナル・ブレイン—情動の脳科学．東京大学出版会．）

Mischel, W.（1968）*Personality and Assessment*, Wiley.

Sherif, C.（1982）Needed concepts in the study of gender identity. *Psychology of Women Quarterly,* 6, 375–398.

Sullivan, H.S.（1940/1953）*Conceptions of Modern Psychiatry*. Norton.
（邦訳：中井久夫・山口隆（訳）（1976）　現代精神医学の概念．みすず書房．）

Trew, K. & Kremer, J.（eds.）（1998）*Gender and Psychology*. Arnold.

- 一人でいるとき，仲のよい友人といるとき，親密な異性といるとき，仕事をしているとき…それぞれの状況で，自分はどのような「性格」だろうか。それらのあいだに，一貫性はあるだろうか。あるいはそれぞれに異なっているだろうか。また，どれが「本当の自分」だろうか。それとも，すべてがまぎれもない自分自身で，「本当の自分」などというのは，無意味なことだろうか。
- 「脳トレーニング」のための，さまざまなパズルや課題，教材などを，目にすることも多い。それぞれが，脳のどの部分のどのような機能を鍛えると主張しているのか，そして，その効果はどのような点に表れると主張しているのかをみて，脳の構造，機能の局在などとの関連を意識し

てみよう。

・テレビコマーシャルをいくつか観察して，そこで描き出されている女性
らしさ・男性らしさ，性役割など，ジェンダー観を規定する暗黙のメッ
セージを意識化してみよう。あるいは，そうした因習的な性役割に対し
てあえて挑戦しようとしているメッセージはないかを，観察してみよう。

5 | 人格と集団の心理

《目標＆ポイント》
・人間の行動や態度を，対人的・社会的な状況との関連から捉える。
・他者と出会ったとき，人はどのように印象を形成したり関係を形成したり
　しているかを知る。
・個人ではなく集団となったときの，人間の行動の特徴を知る。
《キーワード》 スキーマ，印象形成，認知的不協和，準拠集団，同調，傍観
者効果

　第4章では，人格を個人に内在するものではなく，状況や関係性にお
いて現れ出てくるものとして捉える考え方があることを学んだ。そこで
も人格は，やはり個人差があるものとして捉え，個人差を状況から説明
していた。しかしながら心理学においては，状況によっては，個人差を
こえて共通する振る舞いのパターンがあることも知られている。また，
同じ人でも，ひとりで居るとき，誰かただひとりの相手と居るとき，2〜
3人の人といっしょに居るとき，大勢の人といっしょに居るときでは，
振る舞いが異なってくるであろう。
　このような多様な対人関係の場における，私たちの行動の一般的な特
徴を，社会心理学の基本的な知見を参照しつつ，たどってみよう。

1. 対人スキーマと印象形成

（1） 対人スキーマ

　人が他者と出会ったとき，その人をどのような人と認知するのであろうか。私たちは，まったく一からその人に対する印象を作り上げていくのではなく，これまで出会ったことのある人々の記憶や印象を情報として利用して，その人となりを推測する。このような職業の人はこのような性格であろうとか，このようなことを言う人は，かくかくしかじかの人となりであろうと判断するのである。このように個人的な経験から作られたものだけでなく，特定の集団に関する典型的なイメージもある。たとえば，「日本人はみな勤勉である」といったようなイメージがその例である。このように他者を認知する際に利用されるイメージや参照枠のことを対人スキーマという。

　こうしたスキーマは，日常生活であまり気付かれることはない。意識できないほど私たちの心の奥深くに潜んでいるからである。たとえば，「山田ドクターは，大変優秀な外科医である」という一文を見たときに，あなたはどのように判断するであろうか。山田ドクターのことを男性と思ったのではないだろうか。それは，「ドクター」「外科医」という言葉に対して私たちは，男性であると判断してしまうスキーマをもっているからである。

　こうしたスキーマは，私たちが新しい対象に出会ったときに，既存の情報を利用してその対象の性質を予測し，私たちの振る舞いを決めることに用いられている。また，いちいち新しい認識を一から作り上げるわけでなく，既存の情報を利用することから，対人スキーマは作業を効率化することに役だっている。しかしながらそれが故に，スキーマと合致しない情報は歪められたり，認識されなかったりすることもあり，ひど

い場合には，差別や偏見に結びつくステレオタイプ的な認知をひきおこすこともある。

　たとえば，オルポートとポストマン（Allport & Postman, 1945）は次のような実験をおこなった。地下鉄の中で白人男性と黒人男性が言い争っている場面のイラストを実験参加者に見せる。白人男性は労働者服を黒人男性はスーツを着ている。二人は激しく口論をしているようで白人男性は手にナイフを持っている。これを見た実験参加者は，別の参加者にどんなイラストだったかを伝言する。そうすると伝えた人は正しく「白人が黒人にナイフをつきつけていた」と言っているにもかかわらず，それを聞いた人は次の人に「黒人が白人に…」と伝えてしまうことがあるのである。こうして，実験参加者のうち6割もの人が，黒人がナイフを持っているという意見を形成してしまったのである。

（2）　印象形成
　ここまで述べてきたスキーマは，第4章で論じたジェンダー表象の形成と同じく，社会的に構成されるものである。これとは別に，私たちの対人認知のパターンそのものに内在するスキーマもある。アッシュ（Asch, 1946）は，ある人物の性格特性を記したリストを実験参加者に呈示し，その人物に対する印象について質問した。ある実験参加者グループには，「知的な・腕が立つ・勤勉な・温かい・テキパキしている・実際的な・注意深い」というリストが与えられ，また別のグループにはこのリストのうち「温かい」に代えて「冷たい」「礼儀正しい」「無遠慮な」のうちいずれかひとつの特性を入れたリストが呈示された。そしてそれぞれの参加者は，リストになかった他の性格特性語がその人物に当てはまるかどうかを判断してもらった。この2つのグループが形成したイメージを比較してみると，「温かい」と「冷たい」という特性語が，

その人物への印象を作り上げる際に，他の特性語よりも強く作用していることがわかった。すなわち「温かい」「冷たい」という特性語を中心として，他の特性語が意味づけられ，全体的な印象が形成されていたのである。たとえば，「温かい」という特性語を含めて提示された群のうち91％もの人が，もともとはリストになかった「寛容だ」という特性語も，その人物の特性として評価していた。これに対して，「冷たい」という特性語を含めて提示された群では，「寛容」という言葉を選んだのは9％にすぎなかったのである。このように「温かい」「冷たい」というような，印象形成で大きな影響を及ぼす核となる特性は「中心的特性」と呼ばれる。中心的特性いかんで意味が違って解釈されるその他の特性は「周辺的特性」と呼ばれる。

　他にもアッシュは，「知的な・勤勉な・強力な・批判的な・頑固な・嫉妬深い」というリストを呈示されたグループと，同じリストを反対の順序で呈示されたグループを比較して，性格特性の呈示順序が印象に及ぼす効果を検討している。その結果，望ましい特性が先に呈示されると，「多少の欠点はあるが，能力のある人」という全体的印象となるのに対して，順番を逆にした望ましくない特性が最初にくると「能力が他の欠点のために発揮できない人」という印象になることがわかった。

2. 意見や態度の形成

（1） 対人魅力

　次に，私たちはどのような人に好感をもったり魅力を感じたりするかということについて考えてみよう。フィードラーら（Fiedler et al., 1952）が見出したのは，自分が好意をもっている相手に対しては，その人の実際の性格特性にかかわらず，自分と性格が似ていると判断する傾

向があるということである。フィードラーらの手続きは，次のようなものである。同じ寮に住む大学生たちに寮の中で「仲のよい友人」「仲の悪い友人」を挙げてもらい，それぞれについてパーソナリティ評定を求めるとともに，自分自身についても同じ質問紙で評定してもらった。その結果，「仲の悪い友人」に対してよりも，「仲のよい友人」に対する評定のほうが，当の評定を受けた友人たちの実際のパーソナリティにかかわらず，自分自身と似た性格として評定していた。このことを「仮定された類似性」（assumed similarity）という。

　対人的魅力には，相手との接触の頻度も影響しているようである。ザイアンス（Zajonc, 1968）は，単に接触頻度が多いだけで，その人に対する好感度が上昇するという結果を見出した。同様の効果は，図形や見慣れない文字を呈示したときにも見られた。これは，「単なる接触の効果」と呼ばれた。しかしながら，これはあくまでも全体としての傾向であり，どんな人や物に対しても接触すれば接触するほど好意的になっていくというわけではない。またザイアンスの実験では，実際に好意を形成していくプロセスを調べたというより，顔写真や図形を見る回数を変えることで接触頻度を操作した単純なものであったということにも，注意しなければならない。しかしながら，こうした接触頻度が相手への好意度を高める場合があることは，確かである。

　これに関連して，特定の人物とずっと一緒にいることが強制された場合にも，その人に対する好意が形成されることがありうることも知られている。かつてスウェーデンのストックホルムで，6日間にわたり銀行強盗に拘束されていた人質たちは，犯人が逮捕され救出されたとき，驚くことに，自分たちを長い間恐怖に陥れていた犯人をかばい，逮捕した警察を非難するような言動をとった。中には，その後も犯人を励まし続け，ついには犯人と結婚した被害者もいた。このように，人質がその犯

人に対して，連帯感，親近感，愛情を感じるようになることを，ストックホルム症候群という。このために，自分が犯罪の被害にあっているという状況が当人に認識されず，救出が遅れることがある。

（2） 認知的不協和とバランス理論

　私たちは，自分にとって不満な状況に対しては，それを何とか肯定的に解釈したり意味づけたりして，不満な気持ちを解消しようとすることが知られている。精神分析では，第2章で紹介した防衛機制という働きがそれにあたる。社会心理学においては，フェスティンガー（Festinger, 1957）が認知的不協和という理論を提唱している。この理論を実証するために，フェスティンガーら（Festinger et al., 1959）がおこなった実験は示唆深い。実験参加者は，決しておもしろくない単純作業を長時間おこなった後，それがいかにおもしろいものであったかを，他人に説明するように求められるのであるが，ひとつの条件ではそのことに対して高額の報酬（20ドル）が与えられ，もうひとつの条件ではごく少ない報酬（1ドル）しか与えられないというものである。これらの報酬の異なる2つの群の行動的特徴が，単純作業をおこなっただけで他人への説明は求められなかった群（コントロール群）と比較された。その結果，報酬の少ない群は，自分のやった作業がおもしろかった，再び同様の実験に参加したいと思う傾向がコントロール群より強く，高い報酬を与えられた群のほうは，コントロール群と差がなかったのである。このことは，次のように説明された。自分がやったおもしろくないことをおもしろいと説明するよう求められることで実験参加者は葛藤状況におかれる。高い報酬が与えられれば，それで納得するが，低い報酬しか与えられないと，葛藤状況が続くことになる。しかし，その状況は変えようがない。そこで私たちは自分たちの認知を変えることで，その葛藤を解消

しようとするというのである。

　これと関連するものとして，ハイダー（Heider, 1958）のバランス理論がある。認知者（P），他者（O），対象（X）の三者が調和し合っているとき，バランスが保たれているが，このバランスが崩れたとき人はストレスを感じ，バランスを取り戻そうと動機づけられるというものである。たとえば，PがOもXも好きで，OもXが好きな場合はバランスが保たれている。しかし，PがOが好きでXは嫌いなのに，OがXを好きな場合はバランスが崩れ，Pはストレスを感じる。そこでPは自分もXを好きになろうとするか，Oを嫌いになろうとするか，もしくはOはXをそれほど好きではないと思おうとして，バランスを取り戻そうとするというのである。

（3）　準拠集団

　私たちの意見の形成には，私たち個人の判断ではなく，他者との関係も大きく影響する。たとえば，家族という集団は，その成員の意見や態度の形成に無視できない影響を及ぼしている。そのような所与の集団ではなくとも，個人が所属する集団に自ら同一化することが，個人の行動や態度，意見を決定するものとなる。そのような集団は準拠集団（reference group）と呼ばれる。これは，人が何かを判断したり態度を決めたりするときに，自分自身を関連づけることによって影響を受ける集団のことである。一般に家族や友人，学校や職場などの身近な所属集団であることが多いが，現在所属していない非所属集団もそこに同一化していれば準拠集団となることもある。人は自分の置かれた境遇について，他人と比較することで満足したり不満をもったりするが，それはその人がどのような集団を比較の対象として，すなわち自分にとっての準拠集団としているかということによって変わってくる。マートン（Merton,

1949) の研究では，自己の置かれた状況への評価および特定の事柄に対する意見の形成については，自分たちが同一化し，その規範を内在化している集団と一致度が高いことがわかっている。

3. 人が理性を失うとき

　ここまでは，個人が特定の態度や意見を形成したり，行動をとったりすることに関わる事柄をみてきた。ところが個人が集まった集団となると，個人的に判断を失い，個人ひとりのときには見られないような行動をとることがある。

　こうした群衆の心理が着目されたのは，19世紀末にフランスのル・ボンが，一連のフランスの革命と民主化運動の記録を分析し，群集心理という考えを提唱したことに始まる。また，火災のときのパニックで多くの人々が出口に殺到して逃げ遅れてしまうという事件が頻繁におこるということも，研究の対象となった。こうした群衆心理に関連した力動について見てみよう。

（1）　同調行動
　集団の中に一定の行動パターンが形成される過程を示すものに，アッシュによる同調行動の実験がある。アッシュ（Asch, 1958）は，線分の比較判断課題を用いて同調に関する実験をおこなった。これは画面左側に呈示された線分の長さが右側の3本の線分のどれと同じ長さであるかとするものである。アッシュは1人の実験参加者と1人から7人の実験協力者(サクラ)の集団を作り，サクラにはわざと間違う回答をさせた。実験参加者は1人のときは誤答はないのだが，サクラの回答に触れるとそれに同調して，誤答をしてしまうのである。全施行で参加者の誤答は

32%に上り，74%の参加者が少なくとも1回は誤った回答をした。誤答をするサクラの人数が増えていくごとに，参加者の誤答率も上昇していくのだが，サクラが3人のときにすでに十分な同調が見られ，それ以上人数が増えても大きな変化はないということが見出された。アッシュのその後の研究では，同調率は課題の重要性や困難度，あいまいさや他者の判断とのズレ，集団凝集性が増すほど増大し，失敗体験があったり自信が低下しているものは同調しやすいとわかった。しかし，自分の判断に対して社会的支持があるときには同調率は減少し，また多数派の全員一致が破られれば，同調率は激減することが見出されている。

　シェリフ（Sherif, 1935）は，知覚の自動運動現象を利用して，集団の中にひとつの規範が形成される過程を明らかにした。知覚の自動運動とは，たとえば暗い部屋で光の点をじっと見ていると，実際には動いていないのに動いているように見える現象である。シェリフの実験はこうである。まず1人で暗室に入って光点がどの程度動いたか，その距離を報告してもらう。その後，3人一組で暗室に入ってもらい，同時に動きの距離を報告してもらう。報告される距離は，最初はまちまちであるが，回数を重ねるにつれてだんだんと近づいてきて，ついには一定の範囲に収まるのである。そして，その後もう一度1人で報告させたときも，その3人でおこなった報告に基づいた報告をするのである。この実験は3人のあいだに集団規範が生成され，それが内在化されることを示していると考えられる。この規範は，単にどのように報告するということに影響しているばかりでなく，個人の認知そのものに大きく影響を与えているのである。

（2）　ミルグラムによる服従行動の実験

　アメリカの心理学者ミルグラム（Milgram, 1963）は，権威に服従す

る人の行動がどのように生じるかを明らかにするための有名な実験（通称「アイヒマン実験」）をおこなっている（図5-1 A, B）。この実験では，実験参加者は教師役として，学習者（サクラ）が誤答をするごとに，より強い電気ショックを与えていくよう実験者から指令される。電気ショックの強度が上昇するに従って，学習者のうめき声や叫び声は大きくなり，実験を中止してくれるよう懇願する（もちろん本当は電気ショックはなく，すべてサクラの演技であるが，教師役の被験者はそれを知らない）。この実験では，教師役は強度の電気ショックを与えることを躊躇しながらも，実験者から命じられるがままに強度を上げていき，強度のショックとされる135ボルトまで，誰ひとり拒否しなかった。ま

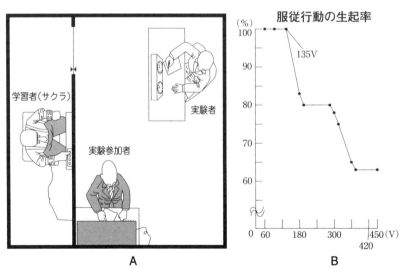

図5-1　ミルグラムの実験（Milgram, 1974より）
A　実験参加者（教師役）は，学習者が誤るたびに，もっと激しい刺激を与えるように実験者から命じられる。
B　電撃の強度が135ボルトになるまで，全員が刺激を与え続けた。

た危険水準とされる375ボルトまで65％もの人が実験を続けた。そればかりか，もはや学習者の叫び声さえ聞こえなくなった450ボルトに至っても63％の教師役は電気ショックを与え続けたのである。

（3） 傍観者効果

　援助が必要な人の周囲に傍観者が多数存在することによって，本来迅速にとられるべき援助行動が抑制されることが知られている。1964年にニューヨークで，女性が夜道で襲われ乱暴されたとき，その叫び声と助けを求める声を大勢の人が耳にしていながらも，誰も被害者を助けようとせず，結局その女性は殺害されたという事件があった。このようなことがなぜ生じるのかを，ラタネとダリィ（Latane & Darley, 1968）は実験的に検証した。実験中に火災報知機が鳴ったり，隣室の人が発作をおこす（演技）という実験場面を設定したところ，実験参加者が一人でいるときより複数いたほうが，通報が遅れたりまったく通報されなかったりするのである。これは傍観者効果（bystander effect）と呼ばれている。傍観者効果が生じる原因として，自分一人が見ていて助けなかったら責任は自分だけが背負うことになるが，多く人がいる場合には助けなくても，責任が分散し自分一人の責任ではなくなると考える「責任の分散」，もし行動を起こしても，その結果に対して周囲から否定的評価が起こるかもしれないと考える「評価懸念（聴衆抑制）」，他の人々が積極的に行動しないので，事態は緊急性を要しないと考える「多数の無知（多元的無知）」の3つが考えられている。

（4） 集団極性化現象

　ストーナー（Stoner, 1961）は，たとえ穏健な考えをもつ人々が集まっても集団討議による意志決定は，一人での意志決定に比べて冒険的な

性格を帯び，場合によってはまったく不合理で間違いとしかいいようのないような判断を下してしまうことがあることを，実験的に示した。この現象は，リスキーシフトと呼ばれている。この要因としては，複数の話し合いなので責任分散が生じることや，リーダーシップを取る人からはリスキーな意見が出やすいことなどが挙げられている。1962年のキューバ危機のときのケネディ大統領が海上封鎖などの強硬手段を用い，危うく核戦争に至りかねない事態となったことが，その一例である。

　これとは反対に，集団の決定が極端に保守的で安全指向的となることも知られている。これは，コーシャスシフトと呼ばれている。たとえば，官僚制においてその決断が，保守的で保身的となるような場合である。

　このように集団的判断においては，個人の当初の判断や行動，態度，感情などが集団内でのやりとりを通して極端化し，リスキーな方向あるいは保守的な方向のいずれかに傾きがちである。このような現象は集団極性化と呼ばれている。

引用・参考文献

Alloprt, G.W. & Postman, L.（1945）The basic psychology of rumor. *New York Academy of Sciences Transactions*, 8, 61-81.

Asch, S.E.（1946）Forming impressions of personality. *Journal of Abnormal and Social Psychology*, 41, 258-290.

Asch, S.E.（1958）Effects of group pressure upon modification and distortion of judgements. In : E.E. Macciby, T.M. Newcomb, & E.L. Hartley（Eds.）*Readings in Social Psychology*（3rd ed.）. Holt, Rinehart & Winston.

Festinger, L.（1957）*A Theory of Cognitive Dissonance*. Stanford University Press.

Festinger, L. & Carlsmith, J.M. (1959) Cognitive consequence of forced compliance. *Journal of Abnormal and Social Psychology,* 588, 203–210.

Fiedler, F.E. Warrington, & Blaisdell, F.J. (1952) Unconscious attitudes as correlates of sociometric choice in a social group. *Journal of Abnormal and Social Psychology,* 47, 790–796.

Heider, F. (1958) *The Psychology of Interpersonal Relation.* Wiley.

Latane, B. & Darley, J.M. (1968) *Group Inhibition of Bystander: Why doesn't he help?* Appleton-Century-Crofts.

Milgram, S. (1963) Behavioral study of obedience. *Journal of Abnormal and Social Psychology,* 67, 371–378.

Milgram, S. (1974) *Obedience to Authority.* Tavistock.

Stoner, J.A.F. (1961) *A Comparison of Individual and Group Decisions Involving Risk.* Unpublished Master's Thesis, Massachusetts Institute of Technology, School of Industrial Management.

Zayonc, R.B. (1968) Attitudinal effects of mere exposure. *Journal of Personality and Social Psychology, Monograph Supplement,* 9, 1–29.

- テレビのコマーシャルは，短時間のうちにメッセージを送らなければならないため，登場人物たちには，しばしばステレオタイプ的な特性が付与されている。主婦，知的な人，ビジネスマン，たくましい人……それらのイメージを与えるために，どのような外見や行動パターンが与えられているだろうか。
- 認知的不協和を解消するために人間がとる行動は，精神分析のいう防衛機制の中では，どれに該当するかを考えてみよう。
- 電車の中であなたは，お年寄りに席をすぐに譲れるだろうか。もし躊躇してしまうとしたら，それはなぜなのかを，傍観者効果の理論を使って考えてみよう。

6 | 人格のはじまり

《目標＆ポイント》
・人格の形成に影響を与える遺伝的要因と環境的要因との関係を理解する。
・発達のごく最早期から見られる母子の共鳴（模倣）について理解する。
・子どもが模倣を通して行動を獲得したり，自己を発達させたりしていく様子について理解する。
・子どもが体験している主観的な自己の体験を想像してみる。
・愛着という概念を理解し，それが母子関係，人格形成に与えうる影響と，その限界点を吟味する。

《キーワード》 遺伝と環境，自己感，模倣，情動調律，愛着

---

1. 遺伝と環境

（1） 人との関わりが不可欠であること

　似ていないと思っていたのに，実は父親や母親のしぐさや口癖にそっくりだということに，私たちは自分で気づくこともあれば，他人から指摘されて気づくこともある。このようなときには，両親との「血のつながり」を感じるであろう。あるいはこれとは逆に，同じ親から生まれたのに，兄弟でまったく性格が反対だったりすることもある。そのようなときには，血のつながりよりも，性格を決定するのには別の要因が大きいのではないかと，思えてしまう。これらは，心理学では遺伝と環境をめぐる問いである。人格の形成にとって，遺伝的要因が大きいのか，環

境的要因が大きいのか，人は昔から見定めようとしてきた。「氏より育ち」という言葉は，その人の生まれついたものよりも，環境の重要性を述べている。これに対して，「蛙の子は蛙」は，親に似る遺伝の重要さを述べている。

　ヒトは生まれながらに，ヒトとしての遺伝子をもっているのは当然であるが，ヒトの子は蛙とちがって，そのままで「人間」となるわけではない。成長発達する中で，人間として作り上げられていくのである。たとえば，18世紀末にフランスのアヴェロンで見つかったヴィクトールと名付けられた男児（発見当時12歳ぐらい），そして20世紀初めにインドで見つかったアマラとカマラと名付けられた２人の女児の例は，ヒトの子どもが人間となっていくには，人間の中で生活することが不可欠であるということを教えてくれる。「アヴェロンの野性児」として，トリュフォーの映画で一躍有名になったヴィクトールの事例は，医師イタールの教育によって，ある程度の読み書きができるようになった。狼に育てられた少女たちとして，誇張されセンセーショナルに扱われたアマラとカマラの事例では，当時７〜８歳と推測されたカマラ（アマラは，１〜２歳だったがすぐに死亡）が，９年後に死亡するまでのあいだで，40程度の単語しか覚えられず，かろうじて二足歩行ができるようになったものの，人間らしい感情の分化は見られなかったという（図6-1）。これらの事例は，ヒトが人間となっていくのに他者との関わりが不可欠であるという，人間にとって根本的な事態を示してくれている点で興味深いものである。

（２）　遺伝と環境をめぐる初期の研究

　ヒトが人間となるためには，人間（他者）との関わりが必要であるとしても，では，どのようにしてヒトはそれぞれの性格・人格をもった個

図6-1　アマラとカマラ（写真提供：ユニフォトプレス）
狼のように？　重なりあって寝ている。

人となっていくのであろうか。

　人格の形成に環境が重要であることを強調したのは，行動主義であった。内面というものを仮定せず，すべての行動は環境への反応であるとする行動主義の考えに従い，アメリカの20世紀初頭の心理学者のワトソンは，「私に1ダースの健康な子どもを与えてくれたなら，医者であろうと乞食であろうと，どんな人物にもしてみせる（Watson, 1930）」と豪語した。この言葉にはワトソン自身が認めるように誇張はあるが，環境こそが人格を形成し，人格は環境次第でどうにでもなるという，ひとつの極端な主張である。

　その対極に，遺伝的要因が決定的であると唱えていたのが，ゴダード（Goddard, 1912）である。ゴダードは，数代にわたるカリカック家（仮名）の家系を調べ，家柄の優れた女性とのあいだに設けた嫡子の家系では，医者や弁護士といった優秀な人物が輩出していたのに対して，精神発達遅滞の女性とのあいだに設けた非嫡出子の家系では，大酒飲みや浮

図6-2　カリカック家の非嫡子家系の人々とされる写真
悪い性質があるように見せるため顔に修整が施された疑いがある。

浪者，精神発達遅滞や精神障害をもつ人物が多く存在していたという調査結果を示し，遺伝の重要性を主張した（図6-2）。そしてゴダードは知性や精神的健全さ，道徳性などは遺伝的なものであるとし，不適格な個人が子孫を残すことを防ぐための制度を整備すべきだという優生学を主張した。ゴダードの著作には，その後データや写真の改竄のあとが多く見つかったことから，現在ではその信憑性は疑問視されている。また非嫡出子側の家族が体験せざるをえなかった貧困という社会的要因を無視し，もっぱら遺伝的な要因にのみ着目しているという大きな欠陥がある。しかしながら，ゴダードの主張は当時は大きな反響をよび，実際に多くの州政府による精神発達遅滞者の断種や隔離など，非人道的な処遇に結びついていった。

（3） 遺伝と環境の相互作用―現在の知見―

　人格形成において，どこまで遺伝的に決定されるのか，どこまで環境要因が影響を与えるのか，またそれはどのようなプロセスによるものなのかということについては，現在でも心理学上の研究が続いている。そのために双生児を対象とした研究がおこなわれることが多い。一卵性双生児の場合，遺伝的特徴はまったく同一であるので，同じ家庭環境で育った場合の人格の異同と，別々の家庭環境で育った場合の人格の異同を比較することで，遺伝と環境の影響について明確にできるというわけである。また，遺伝的特徴が異なる二卵性双生児の例をそれと対比することで，より遺伝的要因の影響が整理できるというわけである。

　遺伝の影響が大きいと主張するものとしては，次のような有名な逸話がある。両親が離婚したため1人はカリブ海の小国に渡り，もう1人はドイツに渡り，別々の家で育てられ，お互い40年以上会ったことのない，オスカーとジャックという一卵性双生児がいた。ところが，ミネソタ大学の双生児研究に参加するために現れた2人は，髭をはやし同じような眼鏡をかけ，同じような服装をして現れた。また，彼らの癖や気性，食べ物の好みなども，驚くほど一致していたという。このように一卵性双生児には，二卵性双生児やきょうだいに比べて，似ている点が多くあるが，遺伝的影響については，人格の諸領域で差があることが知らされている。たとえば，一般的能力や知能には遺伝が強く影響し，次いでパーソナリティ尺度で測られるような性格特性に影響するという。逆に，宗教や政治的な信念，興味などは，遺伝の影響は低いという。人格への遺伝的影響の強さは，年齢によっても変わることが見出されており，たとえば言語的能力や一般的知能を指標とした場合，養子は16歳ぐらいになると，それらの形質は養父母よりも生物学的親に似てくるという（Plomin et al., 1997）。

現在では，遺伝と環境は，お互いが別々に独立して人格形成に作用するのではなく，両者が複雑に相互作用しあいながら影響していると考えられている。たとえば，感受性の強い子どもは，他の子どもと物理的に同じ環境に置かれても，環境の些細な刺激や変化を敏感に感じ取るであろう。すなわち，同じ環境であっても，そこから体験される主観的な環境は個人で異なり，その主観的環境こそが人格形成に影響を与えるのである。また，人懐っこい子どもは，そうでない子どもよりも，親や周囲の人からの親密な関わりを引き出すであろう。すなわち，周りの人々に喚起される関わりの様式も，子どもがもともと持つ性格的傾向によって異なってくるのである。さらに，外向的な子どもは内向的な子どもよりも，1人でいるより友人と遊ぶことを進んで選択するように，子ども自身が探索し作り上げる環境も異なる。このように，人格形成に影響を与える環境自体が，遺伝的要因から影響を受けているのである。

　この知見は，一見すると遺伝的影響が結局は重要であると誤解されるかもしれないが，決してそうではない。遺伝の影響があるということと，遺伝が決定するということは，同じではない。すでに人格の定義（第1章）で述べたように，遺伝的・生得的な側面の強い気質から，どのような性格を形成するかには自由度がある。また，人格形成に影響を与える環境には，遺伝的影響と無関係なものもいくらでも存在する。これまでの研究では，遺伝で説明できる人格の要素は，多くても50%どまりである（Røysamb, E. et al., 2002）。さらに，価値や目的といった，文化的影響を含んだより人間性に関わるような次元では，遺伝的な影響よりも環境が，さらには個人の主体的な選択と決断が重要となってくるのである。

2. 情動と調律

　子どもは他者との関わりの中で人格を形成していくわけであるが，乳幼児に関する研究からは，発達のごく早期から活発に養育者（主に母親）とのあいだで，とりわけ情動の次元に関連する相互作用がおこなわれていることがわかっている。

（1）　母子の共鳴と模倣

　人間が人間を他の存在から区別して認識し，相互作用をおこなうための基本的な能力は，大部分が生得的なものである。たとえば，乳児は人間の顔に対する注視時間が他の図形よりも長く，人間の顔を区別していることがわかる。また，人の声も機械音などから区別して，特異的に聞き分けている。

　こうした能力に支えられ，他者との相互作用をおこない他者から行動を習得していく基盤となるのが，新生児に備わっている共鳴の能力である（新生児模倣）。よく知られているものに，表情模倣がある（Meltzoff & Moore, 1977）。これは，例えば乳児の目の前で大人が舌を出したり引っ込めたりすると，赤ん坊はそれを真似して自分の舌を出したり引っ込めたりするというものである。唇をとがらせて突き出したり，口をパクパクさせたりする模倣もおこなう。これは考えてみれば，不思議なことである。赤ん坊はまず，視力が十分ではなく，他者の顔がはっきりと認識できているわけではない。さらに，視覚的に捉えた他者の顔の動きが，自分の顔のどの部分を動かすことに対応するのか，鏡を見たこともない乳児は知るはずがない。しかしそれにもかかわらず，同じような顔の動きをするのである。このような，まったく同じ動きをする模倣でなくとも，リズム的に呼応しあうかのような模倣はしばしば観察される。

たとえば，母親が，赤ん坊に声をリズミカルにかけると，その1秒から2秒後に赤ん坊は手足を動かして同調することが知られている（エントレインメント）。

　ここまで述べてきた模倣は，他者の行動を意図的に模倣するというより，本能的に無意識的に生じる共鳴であり，子どもと養育者等との交流の基盤となるものであった。ところが，もう少し長じると，子どもは他者の行動を意図的にまねするようになる。生後6ヵ月ぐらいには，子どもがおこなった行動を親がまねすると，それを再び子どもがまねをするという循環的な模倣が見られるようになる（循環模倣）。そして生後10ヵ月くらいになると，今度は，他者（モデルとなる人）がやったことを，その直後であればまねができるようになるのである（即時模倣）。2歳頃になると，そのようなモデルの行動に時間をおかずに生起する模倣ばかりでなく，時間をおいて模倣することができるようになる。さらに過去に体験したことや，以前観察した手本をまねることもある。このように時間をおいた模倣を延滞模倣という。延滞模倣は，記憶された行動にもとづいておこなわなければならないので，イメージの発達的起源であるともいえる。

（2）　社会的学習

　行動主義の考えをもとにした古典的な学習理論では，子どもが特定の行動や態度を獲得していくのには，望ましい行動に対しては報酬が与えられ，望ましくないものには罰が与えられるという，強化のプロセスが必要であると考えられていた。しかし，子ども自身への直接的な強化ではなく，子どもが観察している他者（モデル）の行動を見ただけでも，行動の学習がおこなわれていることが知られている。バンデューラ（Bandura, 1961）は，次のような実験をおこなった。大人が，ピエロの起き

第6章 人格のはじまり　　97

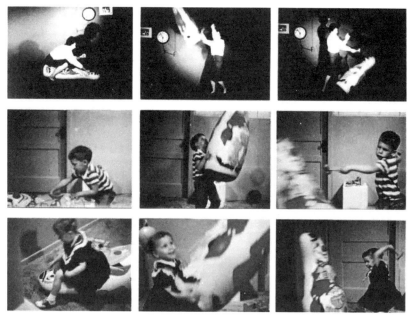

図6-3　バンデューラの攻撃行動の模倣の実験の様子（Bandura (1961) の実験映像より）（写真提供：Courtesy of Albert Bandura）
モデルの振る舞い（一番上）を，男児も女児もまねている

上がり小法師人形に暴言を吐きながら，殴ったり馬乗りになったり投げつけたりして暴力を振るっている映像を，子どもにごく短時間見せる。その後，子どもを映像で見たのと同じ人形も含めた玩具の置いてある部屋へ案内すると，子どもたちは男児・女児にかかわらず，さきほど映像で見た人形を選び，映像と同じ暴力的な行動や暴言を人形に対してなすというものである（図6-3）。

　ここで重要なのは，子どもは，その行動の模倣を促進するような強化を，何も与えられていないということである。それにもかかわらず，観察しただけの行動を，自分も取り入れておこなっているのである。実物

のモデルが登場する映像ではなく，アニメの映像を見せた場合も，同様の現象が見られた。バンデューラは，さらに条件をいくつか変えた実験をおこなっている。たとえば，映像の最後の部分に，モデルに対する3つの異なった強化のシーンを加え，その効果を比較するものである。1つ目は，モデルに対する賞賛とほうびがあるもの（報酬群）。2つ目は，モデルが叱責されるという罰があるもの（罰群）。3つ目は，モデルに対する中立的な行動のものである（統制群）。この実験では，映像と同じことをするようにと求められた場合には，どの群でも同等にそれをおこなうことができた。すなわち，強化のあり方に関係なく，学習自体は成立していたのである。同じ行動をとるように求められず，その後の子どもの行動のみが観察される場合は，報酬群と統制群には，攻撃行動の生起に差はなく，罰群は行動を抑制していた（Bandura, 1965）。ここから見出されるのは，他者の行動やその結果をモデルとして観察することにより観察者に学習が生じるということ，そして，その学習は強化にかかわらず成立しうるということである。また，罰群が行動に起こすことを抑制していたことからすれば，観察者への直接強化ばかりでなくモデルに与えられる間接的な強化（代理強化）も有効だということである。このようにして生じる学習は，観察学習もしくはモデリングと名付けられている。

（3）　情動調律

　生得的な模倣の能力に支えられて，母子のあいだでは，さまざまな次元での相互交流が，ごく初期から生じている。そして，この相互交流の中からこそ，子どもの自己が発達していく。この点に関しては，精神分析の理論においても着目されてきた。発達心理学者たちも，観察を通じてその過程を明らかにしようとしてきた。しかしながら，精神分析の理

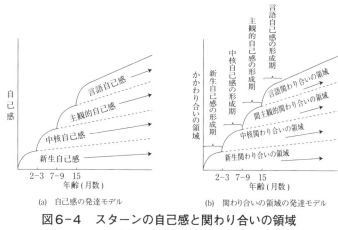

図6-4 スターンの自己感と関わり合いの領域
（Stern, 1985／小此木・丸田, 1989）

論にもとづき想定される子どもの姿（clinical infant）と発達心理学の観察から描き出される子どもの姿（observed infant）には，乖離があった。母子相互交流の詳細なビデオ観察にもとづき両者を統合しようとして，人と人とのあいだで生じる間主観的（intersubjective）な状況に基づいた子どもの自己発達の様子を見出し理論化したのが，D.N. スターンである（Stern, 1985）。

　スターンは，観察を通して乳児自身が体験している主観的世界を想定し，そこを中心として子どもを描き出そうとした。そのために，自己感（sense of self）という概念を提唱する。自己感とは，さまざまな体験を組織化していく中心として，自分自身が他から区別された行為主体（エージェント）として自分を感じとる主観的な感覚のことである。スターンは，子どもが誕生してから言語的に自己を構成するようになるまでの自己感を，発達の時間順に，新生自己感（sense of an emergent self），中核自己感（sense of a core self），主観的自己感（sense of a subjective self），言語的自己感（sense of a verbal self）に分けて考えている。これらの自己感は，子どもが発達するに従って，ひとつの自己感が終息して次の段階の自己感に移行するというものではなく，発達的により以前の自己感を基盤として，次の自己感が形成されていくというかたちで，一生のあいだ持続するものと考えられている（図6-4）。

　新生自己感とは，誕生後2ヵ月までの子どもに支配的な自己感である。子どもは，あらゆる感覚を使いながら，外界の出来事の連関を構成していこうとしている。このときの知覚は，無様式知覚（amodal perception）であるといわれる。ふつう知覚は，視覚，聴覚，触覚などなど，別々の知覚的世界を開いているが，「黄色い声」とか「硬い音」というメタファが可能なように，異なる知覚間での一定の結びつきがある。このように無様式知覚は，個別の知覚的世界に分化する以前の位相で知覚どうしを結びつけ，特定の知覚様式で受信された情報を別の知覚様式に変換することのできる，生得的かつ普遍的な能力なのである。ここで体験される情動は，怒りや悲しみといった区分されたカテゴリー情動ではなく，連続的な時間の流れにそって抑揚や強さや形が変化する情動であり，生気情動（vitality affect）と呼ばれる。

　生後2ヵ月頃から，中核自己感の関わり合いの領域が生じてくる。これは，他者から区別された，単一で一貫した存在として自己を感じることであり，自分の身体が物理的に他から隔てられたものとして存在し，またそれによって他と触れることができるということが基盤になっている。乳児は，母親とは別個の存在であることを認識すると同時に，他者が別個の存在であること，そして自分が他者とともにあることを体験し始めるのである。

　生後5～6ヵ月頃からは，間主観的かかわりあいの領域での体験が生じるようになる。これは，情動のやり取りの能力と養育者の主観的世界

を読みとる能力のはじまりに支えられている。たとえば，楽しい気分を味わっている子どもに，母親が情動面で共感するならば，子どもはそれを理解でき，子どもの側にも母親への情動的な同調を引き起こし，子どもの情動は一層強まり明確化される。あるいは，子どもが不安な情動を示したとき，母親が働きかけることで，それをなだめていくということもある。このように，母親と子どもの内的主観的体験が共有可能となって，母親が子どもの意図や情動を形作り，子どもも自分の情動状態を母親の情動状態と対応させることで，主観的でありながら一体感のある，相互で共有された間主観的な領域が生じ，それをもとに主観的自己感が形成されるのである。このような両者の相互規定的な情動交流は，情動調律（affect attunement）と呼ばれる。情動調律は，無様式知覚を基盤として，生気情動を通しておこなわれるものである。養育者は子どもの内的な状態や情動を読み取りつつ，たとえば子どもの身体の動きや発声対応する生気情動に即した声をかけたりする。生気情動は体制感覚（自分の身体や知覚を統一性あるものとしてまとめあげている，より根本的な感覚）に訴えるものであるので，子どもが主体的に能動感をもって自己をコントロールする領域へと，直接働きかけるものである。

　やがて子どもが言語を使用するようになると，言語的自己感の領域が開けてくる。これは，生後15ヵ月頃から始まるとされる。言語によって子どもは，自己を客体化したり，象徴を用いたりする。このことで，子どもは他者と意味を共有し伝達できるようになり，また願望を伝えることもできるようになり，他者とともにあるための新しい方法を獲得するのである。しかし，言語は体験の断片的な部分しか表象できないため，言語的自己感と他の自己感での体験とのあいだにずれが生じてくるようになるという。

3. 愛着の理論

（1） 愛着の基礎的研究

　スターンの自己感の発達の理論で見たように，子どもが自己の主体感と能動感を育てていくため，あるいはさらに，自分自身になっていくためには，他者との関わりが絶対的に不可欠であった。とりわけ6ヵ月以降，間主観性の領域が開き情動的交流が盛んになった以降，その重要性はさらに増すのである。

　子どもの成長と発達のためには，単に栄養だけでなく他者との関わりが必要だということが注目されはじめたのは，乳児院や保護施設で育った子どもたちの観察や調査からである。ボウルビィは，問題行動を示す子どもたちに，両親との情緒的交流の破綻や欠損があることを見出した（Bowlby, 1940）。またスピッツ（Spitz, 1945）は，何らかの理由で生後まもなく母親から引き離されて，乳児院で育てられた子どもたちに次のような特徴を見出した。それらの子どもたちは，表情に乏しい，反応性が弱い，自発的な発声や動きに乏しいといった情緒的な問題の他，同年齢の子どもに比べて著しく身長が低く低体重であるといった，身体発育の遅れが見られた。また，筋緊張が低い，感染症を起こしやすい，死亡率も高いなどの特徴も見られていた。これらの子どもたちは，栄養的には十分な養育を受けていたのであるが，当時の施設では他者からの情緒的な関わりが十分でなかったために，そのような状態を引き起こしていたのである（現在では，子どもへの対人的・情緒的な関わりの必要性が十分に認識されており，そのようなことはなくなっている）。

　子どもへの情緒的関わりの重要さを実験的に示したのが，ハーロウがアカゲザルの子どもでおこなった代理母の実験である（Harlow, 1958）。生まれたばかりのアカゲザルを母親から隔離し，2つの異なった代理の

図6-5　ハーロウの愛着の実験（Harlow, 1958）（写真提供：Penn State Media Sales）
ドラムを叩くクマの人形に驚き，柔らかな人形のほうにしがみついている

母親人形を与える。ひとつは授乳出来るが針金でできた人形であり，もう一体は授乳できないが柔らかな材料でできたものである。アカゲザルは，授乳できないが柔らかい人形のほうにしがみつく時間のほうが長く，ついにはその人形にしがみついたまま，針金の代理母から授乳だけを受けるという行動をとるようになった。また，驚いたり恐怖を感じたりしたときには，アカゲザルがしがみつくのは，授乳できないが柔らかな人形の方であった（図6-5）。

　その後ボウルビィは，児童精神科医・精神分析家としての臨床経験をもとに，動物行動学による動物の親子の生物学的な絆を参照しつつ，人間の子どもにも母親との基本的な結びつきがあることを理論化し提唱した（Bowlby, 1973）。こうした特定の他者や対象との情緒的な結びつきのことを愛着（attachment）と呼ぶが，それは，単に栄養の補給をうける他者に感じるものではなく，情緒的関わりや身体的接触などが不可欠

なものである。愛着は，生存の欲求と同じくらい根源的な一種の生得的な欲求であるということがいえる。

（2）　愛着の内的ワーキングモデル

　先述したスターンの発達段階では主観的自己感が成立する時期にあたる生後8，9ヵ月頃になると，子どもは他者が自分とはちがう内面と意図をもつ存在であることが理解できるようになる。そうすると子どもは，自分の行為や情動に対する相手の反応から，自分の行動を調節するようになる。すなわち，重要な他者からの反応は，自分の情動状態を鏡映させたものだと捉えるようになり，自己の情動の意味や状態を，重要な他者の調律のあり方によって，意味づけ表象するようになる。このように，自己の欲求や情動を意味づけていく他者との繰り返される関わりのパターンは内在化され，ひとつの認知スキーマとして，自己表象や他者表象を規定するフレームワーク（解釈枠）となる。ボウルビィはこのような子どもの表象を内的ワーキングモデルと名づけた。

　このフレームワークにおいては，自己イメージ（表象）と重要な他者のイメージは，相互に深く規定しあっている。自己の情動に適切に応答しポジティヴに調律してくれる他者は，ポジティヴな表象となり，また，自己もそれに対応してポジティヴな表象となる。これに対して，自己の情動や欲求に対して，ネガティヴな反応を基調として調律する他者は，ネガティヴな表象となり，自己イメージもそれに対応してネガティヴなものとなる。このような自己と他者イメージは，とりわけ，その人にとって危機的であったり重要である場面において活性化し，重要な他者に接近するか回避するかの行動の指針となるというのである。

　エインズワース（Ainsworth, et al. 1978）らはボウルビィの考えをもとに，ストレンジ・シチュエーション（新奇場面）（図6-6）と名付け

第6章　人格のはじまり | 105

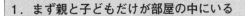
1．まず親と子どもだけが部屋の中にいる

2．子どもは親が見守る中，部屋を探索して遊ぶ

3．見知らぬ人が入ってきて，親とおしゃべりをして，子どもに接近する

4．親は静かに部屋を出て行く（親の不在に気づいたときの，子どもの反応が観察される）

5．親が再入室して，子どもをなだめる（再会時の子どもの反応が観察される）

図6-6　ストレンジ・シチュエーションの手続き

られた手法で，母親の一時不在と再会に1歳児がどのようにふるまうかを調べ，その結果をA型（回避型），B型（安定型），C型（抵抗／アンビバレント型）の3つに分類した。A型は，母親との分離に際しても泣くこともなく淡々と見知らぬ他者と遊び続ける。そして母親と再会しても，やはり淡々としており，母親を回避することもある。B型は，母親と一緒の場面では母親を自分の探索行動や遊びの基盤（安全基地）として利用しており，分離場面では泣いて後追いするが，再会場面では比較的すぐに機嫌が直りその再会を喜ぶ。C型では，母親と一緒の場面でも必ずしも母親を安全基地とすることなく不安な様子で，分離場面では激しく泣くが，再会場面でも泣き止まずに反抗的な態度をとったりする。

愛着の内的ワーキングモデルは，個人の対人的な経験の在り方を意味づける前提となるスキーマであり，人生で体験される事態に対して一種のフィルターとして機能する。したがって，持続性や永続性があり変化しにくいと考えられている。つまり，乳児期に形成されたモデルが持続し，成人以降の対人関係や異性関係にも影響するのではないかというのである。メイン（Main, M. et al., 1985）らはアダルト・アタッチメント・インタビュー（AAI）という手法を考案し，成人における経験の語り方から，成人の愛着パターンを分類した。メインらによれば，1歳時にA，B，Cのそれぞれの型と判定された幼児を継続的に調査した結果，大人になってからもその対人関係の特徴は1歳時のそれとかなり高い相関があったという。

（3）　愛着の理論の検討

　内的ワーキングモデルは，その個人が親となったとき，親としての子どもへの関わり方を規定するので，結果として，その子どもの愛着様式にも影響を与えるということも主張された。たとえば，メインらがAAIを使用した研究では，母親の子どもの頃の愛着エピソードの類型と，その子どもが示す愛着様式の類型とのあいだに高い相関があることが見出された。しかしながら，この調査は，現在の母親が過去をイメージし表象するという遡及的な方法でなされており，実際に母親の子どもの頃から一貫している愛着体験が報告されているのかどうかは，留保して考える必要があるであろう。また，内的ワーキングモデルの理論が拡大解釈され，虐待の世代間伝達（すなわち，虐待されて育った子どもは，親になったときに子どもを虐待するという考え）が主張されることもある。しかし，多くの実証的調査が示すところでは，親から虐待を受けた子どもが長じて虐待をおこなう割合は実際には3割程度にすぎない。虐待事

例の親には，たしかに高い確率で幼少期の被虐待経験が見出されるが，それは，虐待を受けた親は子どもを必ず虐待してしまうということを意味するのではない。むしろ，虐待を受けていたからこそ，子どもが自分と同じような目に遭うことを恐れ，自身は虐待する側には回らないように努力し，自分には与えられなかったケアと保護の能力を発揮することのほうが，ずっと多いのである（Herman, 1997）。

　スコルニック（Skolnick, 1986）の縦断的な研究でも，乳幼児期の母子関係の質と，児童青年期さらには成人期以降の対人関係とが一致するのは３割程度であり，７割は変化することが見出されている。また，その後のライフサイクルにおいて，友人関係や恋愛，結婚，子どもをもつことなど，情緒的に深く関与するような重要な他者との関係を通過することで，内的ワーキングモデルが変化することも，いくつかの調査によって明らかとなっている。また，心理療法では，こうしたパターンがセラピストとの関係の中で反復されることを通して，情動的に再体験したり意識化したりして，その変容と修正がおこなわれる。

　あるいはそもそも，安定型がもっとも健康的で優れていて，他のパターンは何がしか不健康であるという価値づけられた見方自体も問い直される余地があろう。本人も意識できずに繰り返される対人関係のぎくしゃくさや不安からこそ，他者への共感や人間に対する深い洞察と思考が生まれることもある。また，内的ワーキングモデルとは，あくまでもそれがモデルであることを忘れてはならないであろう。それは個人の内界について仮定されたモデルであると同時に，重要な他者に対する子どもの愛着という当面の観察対象となっている事象を，心理学者が解釈し評価するための作業モデルである。愛着スタイルが，人間性を決めるものでもないことを，忘れてはなるまい。

引用・参考文献

Ainsworth, M.D.S. et al.（1978）*Patterns of Attachment : A Psychological Study of the Strange Situation.* Lawrence Erlbaum.

Bandura, A., Ross, D. & Ross, S.A.（1961）Transmission of aggression through imitation of aggressive models. *Journal of Abnormal and Social Psychology*, 63, 575–582.

Bandura, A.（1965）*Aggression : A social learning analysis.* Prentice-Hall.

Bowlby, J.（1940）The influence of early environment in the development of neurosis and neurotic character. *International Journal of Psycoho-Analysis,* 21, 154–178.

Bowlby, J.（1973）*Attachment and Loss.* Vol.2 ; *Separation.* Basic Books. （邦訳：黒田実郎訳（1977）『母子関係の理論Ⅱ；分離不安』岩崎学術出版社.）

Goddard. H.H.（1912）*The Kallikak Family : A Study in the Heredity of Feeble-Mindedness.* Macmillan Press.

Harlow, H.F.（1958）The nature of love. *American Psychologist,* 13, 673–685.

Main, M., Kaplan, N., & Cassidy, J.（1985）*Security in Infancy, Childhood, and Adulthood : A Move to the Level of Representation.* Monographs of the Society for Research in Child Development.

Meltzoff, A.N., & Moore, M. K.（1977）Imitation of facial and manual gestures by human neonates. *Science*, 198, 75–78.

Plomin, R., Fluker, D.W., Corley, R., & Defries, J.C.（1997）Nature, nurture, and cognitive development from 1 to 16 years : A parent-offspring adoption study. *Psychological Science*, 8, 442–447.

Røysamb, E., Harris, J.R., Magnus, P., VitterSø, J., & Tambs, K.（2002）Subjective well-being : sex-specific effects of genetic and environmental factors. *Personality and Individual Differences,* 32（2）, 211–223.

Skolnick, A.（1986）Early attachment and personal relationships across the life course. *Life Span Development and Behaviour*, 7, 173–206.

Stern, D.N.（1985）*The Interpersonal World of the Infant-A View from Psychoanalysis and Developmental Psychology.* Basic Books.

（邦訳：小此木啓吾・丸田俊彦監訳，神庭靖子・神庭重信訳（1989）乳児の対人世界—理論編．岩崎学術出版社．）

Spitz, R.A.（1945）Hospitalism–An inquiry into the genesis of psychiatric conditions in early childhood. *Psychoanalytic Study of the Child*, 1, 53–74.

Watson, J.B.（1930）*Behaviorism（Revised edition）*. Chicago：University of Chicago Press.

石谷真一（2007）自己と関係性の発達心理学—乳幼児発達研究の知見を臨床に生かす．培風館．

・もしあなたとまったく同じ遺伝子をもった子ども（クローン）が生まれたとする。その子どもはあなたと同じような人間に育つだろうか？育つとしたらなぜか，育たないとしたらなぜか，を考えてみよう。

・テレビやゲームの暴力シーンを，子どもは真似しているであろうか。あるいは，どのようなものを真似して，どのようなものは真似しないか。自分が子どもの頃の経験を思い出しながら，あるいは身近にいる子どもを観察しながら，考えてみよう。

・もし機会があるならば，1歳未満の乳児と母親の相互交流のあり方を観察してみよう。特にそこに生じているリズミカルな交流に着目してみよう。

・孵化したばかりのアヒルの雛は，初めて見た物の後ろをついて回るという。これは「刷り込み」と呼ばれる現象であるが，この現象と愛着は，どこが同じでどこが違うのか考えてみよう。

・自分はどのような愛着のワーキングモデルをもっていると考えられるか。その強みと弱みは何だろう。

7 | 人格の育ち

《目標＆ポイント》
・「わたし」という意識が形成される過程を，精神分析と発達心理学の知見を手がかりに考える。
・フロイトによって定式化され，その後も精神分析において重視されているエディプスコンプレックスという事態が，子どもの人格発達における「わたし」の形成にどのように関連しているのかを知る。
・前思春期という時期における第二の「わたし」の誕生を象徴的に示す自我体験と，そこで達成される心的なテーマについて理解する。
《キーワード》 エディプス期，エディプスコンプレックス，自我体験，前思春期

----

1. 最早期記憶と「わたし」

（1） 最早期記憶

　人の一番初めの記憶は，どのようなものであろうか。人は自分のことをどのあたりまで思い出せるのであろうか。中には三島由紀夫のように，自分が産湯に浸かっていた時のことを覚えているという人もいるかもしれない。しかし一般的には３歳を中心として正規分布する形で，最初の記憶が報告される。自分にとって一番初めの自分の記憶のことを，最早期記憶という。これは自分が自分を初めて客体として意識した頃，すなわち自意識というものが生まれた頃に形成されるものだといってよい。それ以前のことは思い出すことができないが，これは幼児期健忘と

呼ばれている事態である。

　最早期記憶には，いくつかの特徴がある。まず，「自分を見ている」視点が比較的多いということである。実際には，そのように自分のことを映画でも見ているように俯瞰することなどありえないので，その記憶は加工され作られたものである。かといって，それに対応するような実際の出来事は，養育者への聴取から得られることもあり，まったくのファンタジーというわけでもない。自分を俯瞰する視点は，「自分」というものを最初に意識し初めて対象化することの，象徴的な表現だといってもよいかもしれない。

　最早期記憶のもうひとつの特徴は，それが一連のストーリーとなっているというより，断片的で感覚的なものであることが多いということである。たとえばそれは，自分がその瞬間に見つめていた，木の葉のきらきらとした照り返しであったり，自分が橋を渡ろうとしているその瞬間の映像であったりする。それはストーリーとして意味化して語られることを拒みつつ，断片的ではあるがひとつの象徴的なイメージとして，自分の記憶と語りが立ち返っていく場所である。最早期記憶は，このように，本当にあったことと本当にはなかったことの間，知ることができることと知ることができないことの間にある不確かな存在である。最早期記憶は，それ以前の記憶への到達を隠しているという意味で，隠蔽記憶（スクリーンメモリー）とも呼ばれる。

（2）　最早期記憶の時期の発達的変化

　最早期記憶が定位される３歳という時期に，人は発達上劇的な変化を遂げる。３歳の時期は，いわゆる第一次反抗期と呼ばれ，２歳後半頃から見られていた，子どもの自己主張が一段と強くなるときである。それまでは，他者から呼ばれる名前で自分自身を呼んでいた子どもが，「ワ

タシ」「ボク」という一人称を使い始めたり，何かにつけて自己主張したりするようになる。

　また，この時期に子どもは「○○シタラ××」というような仮定を理解するようになる。「アイスクリームは，おばあちゃん家に行ったら食べよう」というような事柄の理解であるとか，「雨が降ったらどうする？」と聞かれたら「傘さす」などと答えることができるようになる。すなわち，今現在は雨が降っていなくても，雨が降っている状況を仮想することが可能になるのである。このような仮想する能力によって，子どもは時制の使用をすることができるようになる。昨日，明日というような，過去のこと未来のことを記憶や想像によって語れるようになるのである（1週間後と1年後とを区別できるような，未来や過去の時制の中で細かな分化ができるのは，もっと後で，10歳をすぎる頃であるが）。

　こうした発達上の現象から浮かび上がってくるのは，次のようなことである。すなわち3歳頃に子どもは，直截的に体験される感覚的世界だけでなく，それとは別に仮想されたイメージの世界をもつようになるのである。もっと正確にいうならば，感覚的与件の世界と，イメージの世界とを区別することができるようになるということである。

　イメージする能力ということだけなら，もっと早くから見られている。実際，フリ遊びなどは2歳ごろから見られる。精神分析が主張する乳幼児の生きる主観的世界は，内的なイメージ世界と感覚している対象世界とが渾然一体となり区別がつかない世界である。それに対して，3歳の時期の子どもの世界では，感覚している対象世界とイメージの世界とはしっかり区別されている。感覚している対象世界の表象をいったん中断し，そこにイメージを付与することができるのである。たとえば鉛筆をロケットに見立てて遊んでいる子どもは，それが鉛筆であることをちゃんと知っている。しかし，それをロケットだとイメージして遊ぶこ

とができるのである。言わば，私たちは，感覚与件の世界とイメージの世界との二重性の中に生きるようになるのである。

　このようなイメージの世界が現実の世界と二重写しになる時期に，子どもは「わたし」という一人称を使用するようになるというのは示唆深い。人は状況に応じて異なる行動をとり異なる感情をもつが，それら異なる自分の姿を通じて，なおかつ一貫して存在する「わたし」を仮定するようになるのである。考えてみると，「わたし」とはひとつの虚構，おそらくは人類が手にした最大の虚構であるともいえる。誰もが私を「わたし」といい，またどのような状況にあっても，私は「わたし」である。あらゆる人格とあらゆる状況に通用するがゆえに，「わたし」とはそれ自体では意味内容をもたない空虚なものであるとさえいえよう。しかし，こうした空虚な一点を媒介としてこそ，私たちは記憶やイメージをつなぎあわせ，「わたし」というアイデンティティを構成するのである。

2.　エディプスコンプレックス

（1）　エディプスの物語とその含意

　このような「わたし」を手に入れることのできるのは，精神分析的にはエディプス期を通過することによってである。エディプス期とは，フロイトが提唱した，人生のうえでの特別な意味をもつ時期で，3歳から5歳ぐらいまでとされる。エディプス期を通過することで形成されるエディプスコンプレックスという概念も含め，フロイトの説の中でも，もっともよく知られたもののひとつであると同時に，正確に理解するのが難しい概念でもある。

　エディプス期とは，概略すれば次のようなことである。母親との二者

関係的な一体感にあり万能的な幻想をもつ子どもは，父親を倒して母親を独占したいと願い，父親に敵意を抱く。しかし，父親の自分よりはるかに強い力にかなうべくもなく，父親に去勢される不安から，父親のペニス（これは父親の力ということである）に同一化し，それを根拠に自分自身を作り上げるというのである。つまり，「わたし」は私ならざる外側の力に私を委譲するときにこそ，形成されるというのである。

　エディプスコンプレックスは，ソポクレスの「オイディプス王」の悲劇にもとづく概念である。ここでは，そのあらすじの一部のみを紹介しておこう。テーバイ王のライオスとその妃イオカステは，「おまえたちの子どもは父親を殺し母親を妻とするだろう」という神託を受ける。そこで二人は，生まれた赤ん坊の足をピンで刺し貫き，山奥に棄てさせる。この赤ん坊は，子どもに恵まれなかったコリント王夫妻に引き取られ，オイディプスと名付けられ大切に育てられる（オイディプスとは，腫れた足という意味である）。オイディプスはやがて長じて人望を集めるが，それを嫉妬した者が，オイディプスはコリント王夫妻の本当の子ではないと告げる。その真偽を確かめるべく，オイディプスがデルフォイの神に問うて受けた神託は，「おまえは，自分の父親を殺し母親を妻とするだろう」というものであった。オイディプスは，決してそんなことはしまいと，コリント王夫妻のもとから去って旅に出る。

　旅の途中，道を譲る譲らないで喧嘩となり図らずも殺してしまった相手は，実の父親のテーバイ王ライオスであった。オイディプスは，それを知らぬまま旅を続ける。途中，怪物スフィンクスが投げかける謎を解いて退治し人々を救い，不在になったテーバイの王として迎えられ，実の母イオカステと，それとは知らず結ばれてしまう。しかし，テーバイには災厄が絶えなくなり，それはテーバイ王殺害の穢れが祓われていないからだという神託を受ける。テーバイ王殺害の真犯人を捜す中で，イ

図7-1　オイディプスとスフィンクス（ギュスターヴ・モロー画）（写真提供：ユニフォトプレス）

オカステは事の真実を悟り自殺する。オイディプスも真実に気づき，自分で自分の目を潰し盲目となって再び旅に出るのである。

　自分が本当は何者であるかという事実を知らないオイディプスは，運命に逆らおうとするたびに，運命に引き寄せられていく。オイディプスは，その知恵でもって，混沌の象徴としてのスフィンクスを退けた（図7-1）。スフィンクスが人々に出していた謎とは，「朝は四ツ足，昼は二本足，夜は三本足の生き物とは何か」という問いである。これは人間のライフサイクルを示すものであるといえよう。この問いに見事に答え

たオイディプスは，「人間とは何か」について，確かな答えと見識を持っていたといえよう。しかしながら，「自分とは何者か」ということについては，知ることも語ることもできなかった。この物語が示すのは，「自分とは何者か」を知ることができない人間の悲劇である。「わたし」が何者であるかは，知恵や理性によっては知ることができないのである。「わたし」の成り立ちは，本質的に隠蔽されてしまっている。私たちが，「わたし」が成立する3歳以前に関しては，思い出したり語ったりすることができないように。エディプスコンプレックスとは，私たちが到達できない「わたし」の成り立ちの秘密を，私の内にひとつの複合体（コンプレックス）として抱えこんでしまっていることを含意しているのである。

（2） ラカンによるエディプスコンプレックス

　フロイトの仕事をもっとも忠実にたどり深めようとした一人として，フランスの精神分析家のジャック・ラカン（Lacan, J.）の名前を挙げることができるであろう。ラカンによって，エディプスコンプレックスは，象徴界（le symbolique）への参入として読み替えられた。

　フランス語では「名 Nom」と「否 Non」が音韻的に近いことから，父親からの禁止を，父の名（否）Nom-du-Père（Non-du-Père）とラカンは名付けている。この父とは，実際の父親というより，象徴的な意味での父であり，世の中の法（規範や倫理性）のことを意味する（実際の父親は，この象徴的な父親としての機能をもつときにこそ，父親たりうるといってもよい）。そして，その規範とは何よりも言語の体系のことである。言語は自己と対象との関係の中に，そして自己の中に切れ目を入れ切断する。毎日自分がいっしょに遊ぶその白いふさふさした生き物は，「イヌ」という言葉を付与されることで，他の「イヌ」と呼ばれる

ものと関係づけられ，私にとっての関係性だけでなく，もっと一般的で対象化された客観的な関係性の中に置かれる。またその生き物を，自分は「ネコ」と呼ぶことは許されず，すでに規約として決まっているものを，私たちは絶対的に受け入れるしかないのである。

　言語によって思考し表象するようにいったんなってしまうと，それ以前の世界にはもう私たちは戻れない。言語は，果てしなく延長できる想像的な世界，自己と対象とが一体であるような欲望の世界を断念（切断）させ，これまで人々が構築してきたルールをもった体系の中へと「わたし」を埋め込むのである。これが精神分析的には，去勢されるということである。子どもが，「わたし」という言語によって自分自身を表象するようになるということは，自分をひとつの規範性の中に位置づけることなのである。

　しかし同時に，言語によって自己を表象するということは，自分の中に言語によっては表象できないものを抱え込んでしまうことでもある。「わたし」の根拠となっている言語で「わたし」を表象するという自己言及的な構造を抱えこんだとき，人は自分自身を表象しつくすことができなくなるといってもよい。このことこそが，無意識の領域の誕生ということでもある。

　ラカンによれば，人間が「わたし」となるということは，このような到達できない不可能性というものを，自らのうちに抱え込むことと引き換えになされるという。「子ども時代はもうない」というのは，フロイトの有名な言葉であるが，まさに，それ以前には遡れない子ども時代，すなわち言語的には表象できないエディプス期以前の世界というものを，一種の穴として抱え込むことによって，人は，「わたし」を獲得するのである。

3. 自我体験と前思春期

（1）自我体験

　人が自分自身になっていくうえで，もうひとつの大きな体験は，前思春期（pre-adolescence）に訪れる。前思春期は，第二次性徴が発現する以前の時期で，だいたい10歳ごろに相当する。外的には安定している時期なので，とりわけ目立った変化のない潜伏期とも呼ばれていたが，実は，内的には大きな変化が生じている時期であることがわかってきている。

　この前思春期には，第2の「私」の目覚めとでもいえる自我体験（Ich-Erlebnis）（Bühler, 1923）が生じる。自我体験とは一言でいえば，「私は他でもない私である」「いや本当に私なのか」「なぜ私なのか」という，強烈な感覚が生じる体験である。エディプス期以前の体験が思い出せないように，この時期の体験も，成人した私たちが日常生活をしているうえでは，あまり思い出すことがない類のものである。

　自我体験においては，それまで当たり前であった日常生活に，突然切れ目が入る。それまでは改めて考えたことなどなかった自明な事柄に，ある日突然に強烈な疑問がわいてくる。本当に自分はこの父親と母親から生まれたのであろうか，自分は生まれる前はどうだったのだろうか，死んだ後はどうなるのか，自分が眠っているあいだ，世界は本当に昼間と同じように存在しているのだろうかといった疑問のような，日常の自明性に破れが生じる体験である。同時にそれは，他でもない自分自身の存在に対する強烈な感覚としても表れてくる。自分はいったいほんとうに自分なのか，人からこの名前で呼ばれている自分とこの今の自分は同じ自分なのかといった，自己への問いかけである。

　自我体験の心的世界を見事に描いているのが，宮崎駿監督のアニメー

ション映画『千と千尋の神隠し』である。この物語は，まず千尋が転校するところから始まる。自我体験の時期は，同時に，友人間にチャムシップが形成される時期でもある。チャムシップとは，アメリカの精神医学者サリヴァン（Sullivan, H.S.）（第4章参照）が見出した，同性間の友人との親密な関係をいう。友人と自分の同一視，同じ対象の共有，親密な接触などを伴う，前思春期に特徴的なものである。前思春期は，子どもがそれまでの親や先生といった縦とのつながりから，友人関係といった横のつながりに移行する時でもある。チャムシップは，急激な心の成長に伴って揺れ動き不安定となる自分自身の像を，鏡のように応答してくれる友人に託して回復しようという試みでもある。このように友人との関係が自己の形成にとってきわめて重要な時期に，千尋は友人たちから離れてしまうことになる。それは，心理学的に見れば自己の自明性の根底が揺らぐ強烈な体験ともなりうる。そして，たどり着くのが八百万の神の世界，すなわち異界である。そのときには，彼女にとって自明であったはずの父も母も術をかけられて豚となってしまっている。物語の詳細はここでは省略せざるをえないが，彼女は異界での体験を通して成長し，確実な自分自身の感覚を手に入れ，新たな自分として成長し，この世の中に再び位置づくのである。ここで興味深いのは，千尋の心の成長と自己確信は，異界での体験が内在化される（心の中に新たな自分の根拠として根付く）ところに生じるという点である。このことを手がかりに，前思春期についてもう少し考察してみよう。

（2）　前思春期の心理学的変化

　自我体験が生じる前思春期においては，多くの心理学的な変化があることが知られている。まず，この時期に記憶のシステムに大きな変化が生じる。それ以前の子どもは，トランプの神経衰弱が得意なことからも

わかるように，物事を感覚的・映像的に理解し記憶している。しかし，前思春期あたりから，ひとつの事象が他の事象と結びつけられ，意味づけられ体系づけられた記憶のシステムとなっていく。またこの時期に子どもは，長期的な時間感覚をもつようになる。それまで子どもにとっては，1ヵ月後と10年後も未来として同じようなものであったのだが，それらを区別して表象するようになるのである。また，自分がおこなっている物事を対象化して客観的に捉える（モニタリング）能力も急速に育ってくる。

　この時期は，子どもが抽象的な概念を操作できるようになる時期でもある。たとえば学校の算数のカリキュラムでは，分数という数と数との操作から導き出される概念，あるいは速さや比重といった，やはり何らかの概念どうしの操作から導き出される抽象概念が教えられるようになる。また，宇宙の果てはどうなっているかと疑問をもったり，哲学的・宗教的な思考も芽生えてきたりする。精神医学や臨床心理学的には，強迫神経症や摂食障害といった，生の自明性を否定するような疾患が出現し始めるころでもある。

　このような変化を一言でいえば，今現在自分が生きている「この世」とは異なった世界が，子どもに開けてくるということである。この世界の自明な生から逸脱し，「あの世」あるいは異界とのつながりが生じるといってもよい。この時期には，心理臨床描画法のひとつである風景構成法（第3章参照）でも，きわめて特徴的な変化が生じる。図7-2から図7-4は，それぞれ児童期，前思春期，青年期以降に特徴的な描き方をもとにした模擬図である。図7-2のように前思春期以前の子どもの絵では，そのような自分の主観にとってのサイズで，風景を構成するアイテムが描かれる。たとえば，私たちの普段の生活空間では，遠くに見る「山」より近づいてそこに住まう「家」のほうが私たちの視界には

第7章　人格の育ち　　121

図7-2　児童期（前思春期以前）の作品例（模擬）

図7-3　前思春期に特徴的な作品例（模擬）

大きく現れてくる。そして、それらのアイテムは相互には関連づけられず、それぞれ別のパースペクティヴ（視点）からバラバラに配置される。

ところが、10歳頃の前思春期の時期に突然に「川が立つ」（山中，1984）

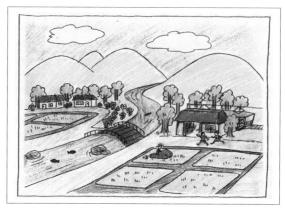

図7-4　青年期以降の作品例（模擬）

現象が多く見られるようになる（図7-3）。それは視点が空に上昇し，真上から世界を見下ろしている構図である。このような，現実には体験したこともない視点から世界を俯瞰する表現が見られた後，図7-4のように，視点は少しずつ下降し風景を斜めから鳥瞰する構図へと収まっていく。図7-4のような構図は，大人となった私たちにとっては風景をイメージするときの当たり前の構図である。しかし，そのような鳥瞰する視点から風景を見ることは，実生活では実はほとんどなく，せいぜい丘にのぼって見下ろすという特殊な状況のときぐらいだろう。実生活では図7-2の子どもの絵のように，ひとつひとつのアイテムは，私たちにとって，それぞれ別々に現れてきているはずである。しかし，前思春期以降になると，図7-4に見られるように，ほんとうは日常生活にはない視点から世界を構成し，そのことでこそ，私たちは世界に対する統一的でまとまりのあるイメージを作りあげることができるのである。

　風景作品の一連の変化は，前思春期において私たちは，日常世界の自

明性を抜け出して超越的な世界へといったん開かれ，その世界を含みこんだうえで，再び「私」を世界に位置づけ直すという，「私」にとっての世界，そして「私」自身が成立していくプロセスを見事に示してくれている。

引用・参考文献

Bühler, Ch. (1926) *Das Seelenleben des Jugendlichen*. Fisher Verlag.
　（邦訳：原田茂訳（1969）青年の精神生活．協同出版．）
Lacan, J. (1981) *Séminaire III – Les Psychoses* 1955-1956, Seuil.
天谷祐子（2002）「私」への「なぜ」という問いについて―面接法による自我体験の報告から．発達心理学研究，15，356-365．
ソポクレス著，藤沢令夫訳（1967）オイディプス王．岩波文庫．
高石恭子（1996）風景構成法における構成型の検討―自我発達との関連から．In：山中康裕編著『風景構成法のその後の発展』岩崎学術出版社，239-264．
渡辺恒夫・高石恭子編著（2004）『"私"という謎―自我体験の心理学』新曜社．
山中康裕（1984）「風景構成法」事始め．In：山中康裕編著『H・NAKAI 風景構成法（中井久夫著作集別巻1）』岩崎学術出版社，1-36．
柳沢和彦・岡崎甚幸・高橋ありす（2001）風景構成法の「枠」に対する「川」の類型化およびそれに基づく空間構成に関する一考察　―幼稚園児から大学生までの作品を通して―．日本建築学会計画系論文集，546，297-304．

・自分の最早期記憶を思い出して書き記し，次の事項を分析してみてください。
　　1）何歳頃の記憶ですか？

2）どんな感覚印象が出てきますか。視覚，聴覚，触覚（痛覚），嗅覚
　　3）カラーですか，白黒ですか？
　　4）一連の物語ですか？それとも，特定の場面のようですか？
　　5）自分の姿をビデオに見るように俯瞰していますか。それとも自分自身の目線ですか？
・「父なるもの」（実際の父親というわけではなく，いわゆる父性的な機能）とは，どのような機能のことであり，また子どもの人格発達においてどのような役割を果たすのか，考えてみよう。
・自分にとって，突然ほかならぬ「わたし」と出会う，自我体験のような体験はありましたか。あったとしたら，それはどんな体験でしたか。そのとき，どんなことを感じたのかなど，思い出してみてください。

8 | 人格が閉じるとき

《目標＆ポイント》
・人生の諸段階を捉えるうえで重要な，ライフサイクルという考え方と，世代間の相互性を理解する。
・人生の後半部分にさしかかる，中年期における心理的な危機と課題を理解する。
・人間が生きるということに対して，老年期という時期が提唱する意義について考える。
・死を前にして，人々はどのような心的なプロセスをたどり，それを受け入れていくのかを理解する。
・遺された人々の心のテーマについて考える。

《キーワード》 ライフサイクル，中年期の危機，老年期，死

1. ライフサイクル

（1） エリクソンのライフサイクル理論

　前章までは，人が誕生してやがて青年期を迎えるまでの人格発達について見てきた。しかし人の発達とはそこだけにとどまらない。その後も成人し，中年期を迎え，老人となり，やがて死を迎える。その間，結婚したり，子どもをもうけたりするかもしれない。

　このように，人生においていくつかの重要な節目を迎えつつ人は変化していくが，このような変化のことを，ライフサイクルという。人生の春，人生の秋という表現があるように，ちょうど季節が一巡りするよう

に，生まれてから死に至るまでの人生の時期には，それぞれ固有の特徴が存在している。

　ある時期から別の時期への移行は，決して簡単なものではない。それぞれのライフサイクルの時期を経ていくとき，自分自身のイメージ，あるいは社会的な自己の位置づけは，時には劇的に変化する。ライフサイクルの時期の移行とは，それまでの自分を捨て去り，新たな自分を作り上げることを，時には暴力的に要請してくるものである。こうした節目にはそれぞれ，冠婚葬祭の祀りごとがある。現在もそれらは，私たちの生活の中に色濃く残っているものの，以前の伝統的社会ほどには私たちを強く規定しているわけではない。成人式を迎えたからといって，すぐに大人になれるわけではないように，外側からそのようなものだと規定されることは以前の社会よりずっと弱くなってしまった。こうして自由度をもってしまった人生期の移行を，自分自身の心理的な内側のテーマとして抱えねばならなくなったのが，現代という時代の特徴であるともいえる。

　ライフサイクルに関する研究としては，レヴィンソン（Lèvinson, 1978）やエリクソン（Erikson, 1956/1982）のものがよく知られている。ここでは，エリクソンの理論を見ておこう。図8-1のようにまとめられるエリクソンの理論は，発達の漸成説と名付けられている。ここで注目すべきは，各ライフサイクルの段階で直面する心理・社会的な危機と発達課題が考えられていることである。その危機をのりこえ発達課題が達成できれば，それを基盤として次の段階へと移行することができる。しかし，それが達成できなければ，その段階に留まってしまう（固着する）ことになるのである。

　エリクソンが発達漸成説の中に取り入れた2つ目の重要な点は，ライフサイクルの相互性（mutuality）ということである。人は一人で生き

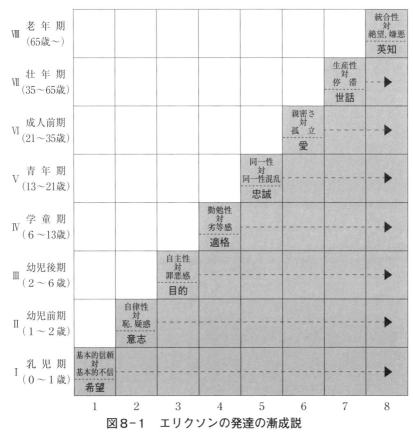

図8-1　エリクソンの発達の漸成説
各発達段階の項目の上段は「危機」を，下段は「発達課題」を表す

ているのではなく，関わりの中で生きている。一人の人間の発達課題は，重要な他者の発達課題と関連しながら展開していく。たとえば，乳児期では，基本的信頼を得るか基本的不信に陥るかという危機をくぐり抜け希望をもつということが発達課題になるが，その時期の親はちょうど，親密性を確立したり生産性（次世代継承性：generativity）をもつということが課題となっている。つまり，次世代を世話して育み育てて

いくことができるかどうかという親の発達課題が，そのまま，子どもが他者や世界に対して基本的信頼を得て希望をもつことができるかという，子どもの発達課題に直結してくるのである。このように，一人のライフサイクル上の危機は，関わりのある重要な他者の危機と時期的に重なっており，相互に影響を与えあいながら乗り越えられていくのである。

（2） ライフサイクルの変化

　ライフサイクルをどのように区切り，どのようなものとして考えるかは，文化・社会的な影響を大きく受けている。たとえば，近代化する以前の社会では，ライフサイクルの区切り方は，現在とは大きく異なっていた。歴史家フィリップ・アリエスが描き出したところでは，私たちにとって当たり前となっている子ども期というものでさえ，乳幼児死亡率の低下，近代的家族制度の成立，人間に成長可能性を期待する啓蒙主義の登場などと絡んで，近代社会になってようやく登場したものである（Ariès, 1960）。また，平均寿命に関しても，日本でも100年ほど前までは40歳程度であった。松尾芭蕉が40歳で翁と呼ばれていたことを考えてみるといい。江戸時代では，だいたい30歳ぐらいまでで重要な仕事をなし，それ以降は引退して隠居生活を送り，ほどなく死を迎えるのが一般的であった。そのような時代には，青年期というものも存在しなかった。15歳で元服を経れば，すぐに大人の仲間入りであった。

　西欧でも事情はあまり変わらない。『ロミオとジュリエット』は，17歳と13歳の「大人たち」の悲恋の物語である。しかしながら，近代という時代では，人間が一人前になるまでに習得すべき知識が飛躍的に拡大し，また生活する世界の範囲も広がっていった。もはや子どもではない，だが，まだ大人ではない中間的な時期，大人になるのを猶予されている

「モラトリアム」の時期としての青年期が登場したのである。自分を確立していくための猶予の時期としての青年期は，現代ではますます延長されてきている。学ぶべきことがどんどん増え，また，多様な社会の中で，自分はこのような人間だと定めるアイデンティティを確立するのが難しくなってきているのである。

　現代社会のライフサイクルで特徴的なのは，青年期と同時に，中年期と老年期が延長されてきていることである。中年期という時期は，歴史的にみれば，青年期が着目されはじめたのとほぼ同時期に誕生した区分であるといえる。平均寿命が延びてくることで，かつては隠居であった年齢が，まだまだ労働を十分におこなえる年齢となる。しかしながら，中年期ではそれまでの人生期のように，上昇的な成長感覚をもつことはできず，体力も記憶力も衰えてくることが実感される。もちろん，生涯発達という考え方の中で，人間の知力は中年期や老年期でも衰えるのではなく，発達を続けるのだという考え方がある。しかしながら，こうした考え方は，中年期や老年期というものの意義を，それ以前の人生期での価値と同じく，上昇や発展という枠組みで捉えてしまっていることになる。人生における中年期と老年期の意義を正当に評価するためには，近代的な上昇や発展のイメージではなく，別の時間的な展望を考える必要がある。たとえば，生涯発達の理論を提唱したバルテス（Baltes et al., 1980）は，人間の発達過程とはそもそも，いずれの段階においても生成と消長が繰り返されていくのだと主張している。すなわち発達とは，獲得されるものがあると同時に，失われるものもあるという考え方である。

2. 中年期

（1） 中年期の危機と意義

　中年期は，人生の後半が始まるときである。それまでの人生期での時間感覚では，自分の人生がやがて終わりを迎えるであろうということは，それほど意識されない。上り坂にいるときには，下り坂が見えないようなものである。ところが，人生期も半ばとなり，すべてが上り調子ではなくなるとき，人は下り坂とともにその坂が行き着く先である人生の終着点を意識するようになってくる。

　ここで人は，単なる人生期のある段階から別の段階への移行という形での危機のみではなく，上昇していく終わりのない時間イメージから下降していく終わりのある時間イメージへと，根本的な変化の危機を体験するのである。ユング（Jung. C.G.）は，中年期の危機の意義について明確に気づいていた。彼は，若いころの10年間はチューリッヒ大学附属のブルクヘルツリの病院で，主に統合失調症の患者を相手に治療をおこなっていた。統合失調症の治療の場合，神経症の治療と異なって，その病を克服したり，自我を確立したりすることが必ずしも目的というわけではない。自分の病とつきあいながら，自分らしい生き方や社会の中での位置づけを模索していくことがテーマとなる。また，統合失調症の病態の特徴から，より心の深層に関わるテーマを扱うこととなる。その後，ユングが自分のオフィスを開業したときにやってきたクライアントたちは，知的で社会的に成功していながら，自分の人生について考えようとしている人々が多くを占めていた。そうした人々は何か明確な疾患があるわけではなく，自分の人生の意味を探し求めていたのである。なかでも重要であったのは，中年期の課題に取り組むことであった。そこには，上昇を続けようとするのではなく，自分の有限性を自覚し心の奥

深くの世界に取り組むという，統合失調症と共通するテーマがあったのである。

　中年期という人生期の後半にさしかかったとき，人は自分がこれまでやってこなかったことにふと気がつく。社会的な成功を得るために，上昇志向でがんばっていたときにないがしろにしてきたことが，ふと意識に浮かんでくる。たとえば，子どものころ絵を書くのがとても好きであったが，会社で精力的に働き地位を獲得するためにがんばっていたとき，そんなことは忘れてしまっていたが，いざ社会的成功を得ても何か虚しさを感じ，ふと思いついて再び絵を描き始めてそれに熱中する人もいる。こうした動きはユングによれば，あまりにも一面的な生き方をしてきたことに対して，無意識が全体性を取り戻そうとする，いわゆる心の補償機能が働くことだと考えられる。この補償機能が，極端に働く場合，破壊的な形で出てくることもある。たとえば，まじめ一筋であったはずの会社員が，クラブのホステスに惚れ込んで，会社のお金を横領し貢いでしまうような事例である。

　すでに論じたように，エリクソンのライフサイクル論において，中年期（壮年期）は，生産性（generativity）をもつということが，重要な発達課題であった。すなわち，ややもすれば停滞してしまう時期の中で，次世代を育てることに，自分を捧げることであった。この生産性は，自分の子を育てることばかりでなく，仕事の後継者を育てたり，大切なものを次世代に伝承したりすることも含まれている。

（2）　中年期という時期の難しさ

　人はしばしば，子どもを育てるときに，自分が望んでも生きられなかった半面を子どもに実現してもらおうと躍起になってしまうことがある。自分が高学歴を望んでも諸々の事情で得られなかったとき，子ども

に高学歴を望む。あるいは，苦労して社会的に高い地位を得た場合，仕事より自分の私生活を大切にしてほしいと望んだりする。ユングの人格理論を参考にするならば，このことは，自分で生きられなかった半面を次世代に生きてもらおうという，補償の機能のひとつであるといえる。

　しかし，それが行き過ぎた場合には，問題が起こってしまう。カウンセリングに至る事例では，子どもが示す問題行動は，その親の中年期の課題を子どもが肩代わりしてやっていると思える場合が多いことに驚かされる。本当は親自身が人生の後半において取り組まなければならない課題であるのに，子どもに託してそれを実現しようとして大きな圧力をかけすぎたり，親は自分の問題として捉えずに子どもの性格や行動に問題があるとして，子どもを非難したりする場合などである。そのような場合，子どもが問題を示したことをきっかけに，親が自分たちの課題に取り組んでいくようになると，家族全体が大きく変わり，親も子も成長できることが多い。ここにも，ライフサイクルの相互性のひとつの形を見ることができよう。

　しかしながら，現代の社会では状況はさらに複雑である。絶対的な信頼すべき基準がなく，価値観が多様化し，自分の信念を揺るがすような情報が次々に飛び込んできてしまう現代の状況の中では，人生前半の青年期に自己を確立するということが，とても難しくなっている。また，未来への明るい見通しがなかなかもてない中，成長や発展を信じて前向きに生きることも難しくなっている。これは，現代の若者たちを包んでいる虚無感の原因のひとつである。青年でいながら死を待つばかりの老人のような気がすると語る若者もいる。かつては人生後半に至って初めて取り組んでいたような課題に，現在では，ごく早いうちから取り組まなければならなくなっているともいえる。ここには，私たちがどのようなライフサイクルのイメージをもつのか，人間の成長と発達というもの

を，どのように捉えるべきなのかといった，答えることが難しい根本的な問いかけが含まれている。

3. 老年期

（1） 老年期と知恵

　人はやがて，老年期を迎えることとなる。この時期になると，自分の人生を閉じるということが，リアリティをもつテーマとなる。老年期には，体力的にも記憶力においても明確な衰えが出てきて，それを何かにつけ自覚せざるをえない。また，それまでよりも病気にかかることも多くなる。中年期ではまだ生産性の中にあったが，老年期では文字通り引退し，資本経済社会の中で生産にかかわることは少なくなる。やがては，自分で自分の身辺の世話をすることも難しくなり，誰かの介護を受けるということも，現実味を帯びてくる。

　日本の民話の中で，姨捨山は有名な話である。60歳を過ぎた老人を山に棄てるという掟があった土地で，母親を棄てるに忍びなく，かくまっていた男が，母親の老人の知恵で無理難題を解いて国を救い，それ以降は老人が大切にされたという話である。ここでは老人に関して，生産力ということとは異なった別の価値が呈示されている。老人の解決した難題は，いずれも直接生産に結びつくようなものではなく，いわばムダなものである。しかしそのようなものにこそ，老人は知恵を示し，若者たちが生きる価値観とは異なった，深い世界観をもっているとされるのである。このように老人は若者の知らない奥義を体現し知恵をもつ存在だとして表象されることは多い。ユングが挙げる，人間の心の中の根源的な人格イメージである元型（第11章参照）のひとつに，老賢者がある。老賢者は，例えば白く長い鬚をたくわえた仙人のような姿で表象され

る。あるいは，次々と襲いかかる巨漢を軽々と投げ飛ばす武道を極めた老人の姿などである。

（2）　老年期の捉え直し

　しかしながら現代においては，こうした老賢者のような存在となることは，たいへん難しくなっている。「亀の甲より年の功」という言葉が生きていた時代は，人々がもつべき知識の量は比較的限定されており，また，その知識の変化もゆるやかであった。極端な例ではあるが，無文字社会において古来からの物語を語る古老は，大変に貴重な存在であった。文字に書き記されていないがゆえに，老人が語らなければ，その物語はこの世に存在しえない。そして，一言一句間違えずに語るということこそが，自分たちの部族のアイデンティティを示すものであった。このように，何か決まったものを受け継ぎ，次世代に伝えていくということが，たしかに威厳をもっていた時代があった。しかしながら，現代において，私たちがもつべき知識はますます多くなり，その変化のスピードはますます速くなっている。老人が示す知恵や知識が，古くさいとか迷信であるとして否定される場合も多い。また，老人の示す価値観や規範も，現代には合致しないことも多いであろう。このような中で，老いるということに，どのような意義を私たちは見出すことができるのであろうか。

　認知症になるということは，本人にとっても，またその周囲の人々にとっても，きわめて大変な事態である。自分の記憶が次第に欠落していくことには，堪えがたい不安と苦しみが感じられるという。また，感情や衝動を抑制する力が弱くなり，人間関係や生活上でのトラブルが多くなり，疲弊していく。記憶や認知機能の低下に伴って理解できないことが増えてくると，それを何とか自分なりに補完しようとして，妄想が出

てくることもある。認知症の事態は，当事者や周囲の人にとっては，そう簡単に肯定的に捉えることができるものではないが，認識する力が衰えてくることは，やがてくるべき死というものに対して，無理せず向かい合っていくことを助けてくれる，生物学上の知恵という見方もできるかもしれない。河合隼雄（河合，1989）は，孔子の「吾十有五にして学に志す。三十にして立つ。四十にして惑はず。五十にして天命を知る。六十にして耳順ふ。七十にして心の欲する所に従いて，矩を踰えず」の解釈において，桑原武夫の論（桑原，1974）を引きつつ興味深いことを指摘している。この孔子の言葉は，ライフサイクルについて言及する際にしばしば引用されるものであるが，「六十にして耳順ふ」のは「あくまでも突進しようとするひたむきな精神の喪失」の結果なのであり，また，「七十にして心の欲する所に従いて矩を踰えず」となるのは，そもそも自分の欲望が枯れてきて，「節度を失うような思想ないし行動が生理的にもうできなくなった」からであるというのである。このように，意欲や能力が衰えていくということそのものの中にも，私たちが老年期を生きるためのヒントがあるのかもしれない。

　確実に到来しつつある超高齢化社会は，私たち人類がこれまで体験したことのない世界である。60年前にエリクソンのライフサイクル理論が提唱されたときより，私たちの寿命は20年近く延び，老年期に当たる期間はずっと長くなった。老年期として一括りにされていたこの時期も，もっと細やかに分化され，そのライフサイクル上の意味づけや発達課題を定義しなおすべきかもしれない。しかし人類は，まだこの時期をどのように意味づけどのように生き抜いていったらいいのか明確な答えをもってはいない。ひょっとすると，老年期を位置づけなおすだけではなく，老年期の再考をきっかけに，他のライフサイクルの位置づけや課題，さらには私たちにとって何が幸せかといったことも，根本から考え

直さなければならないのかもしれない。

4. 死

（1） 死すべき存在としての人間

　死というものは，人間にとって必ず訪れてくるものである。世の中で，「私」にとって唯一確実な予言があるとするとしたら，それは，いつか「私」は死ぬということであろう。このように死は確実なものでありながら，誰も自分の死を知ることはできないし，自分の死に立ち会うこともできない。死は他でもない私自身のものであり，私に固有のものでありながら，私にはそれは不可知なのである。このようなパラドックスをもつ死は，古来から人々にとって，考察のテーマであった。たとえばソクラテスは，哲学（知を愛すること）とは死ぬための訓練をすることであると言った。現世的な生にしがみつくのではなく，この世のことから自由になり，より高い徳をもとめていくためである。ここで重要なのは，死というものが「個人の死」としてではなく，「自分の生の成就」として捉えられていることであろう。

　死が成就ではなく終末として捉えられるようになったことには，キリスト教の終末思想の影響を経て，近代的な人間観や個人という意識の誕生が関わっていることを，歴史家フィリップ・アリエスは示している（Ariès, 1985）。己の死という観念は，ルネッサンス・近世以降において，発展してきた概念である。中世の神学が支配的であったとき，あるいは，共同体の中に無名の個人として埋もれていたとき，死は人々にとってなじみのあるものであった。しかし個人が意識され個人の欲望や能力の開発という概念が出てきてから，死は個人の終末であり敗北とみなされるようになった。またその頃は，ペストの大流行を体験した後であ

る。メメント・モリ（死を思え）の言葉のもと，人々は自分個人の死を恐れながら生きるようになった。

唯一無二のかけがえのない個人という観念を手に入れたことは，個人の死という観念も同時に強く意識させた。そのひとつの完成した形が，ハイデガー（Heidegger, M.）の哲学である。ハイデガーはまず，死すべき存在として人間を定義づける。すなわち，必ず終わりのくる存在だとして考える。そのことが逆に，個人の個人性，唯一無二性というものをもたらしているというのである。しかし人は，このような死すべき存在であることに向かい合おうとせず，ふだんは気晴らしをして，その不安から逃れている。だが，死すべき存在であることを人が覚悟したときにこそ，自分はどのように生きるべきか，未来へ向かって投げかけて生きていくというのである。

（2）　人生のターミナル

いよいよ死が身近に迫ったとき，どのように人はその事実を受け止め，新たな旅立ちへ向かうのであろうか。キュブラー・ロス（Kübler-Ross, 1973）は，200人以上の末期ガンの患者との面接や関わりの経験により，人が死の準備をおこなうのに5段階があるということを説いた。

ある日，死に到る病を告知されたとき，人は大きな衝撃を受ける。まずそこで表れる反応は「そんなことはない。何かの間違いのはずだ」という「否認」と呼ばれるものである（第1段階）。第2段階は「怒り」である。「どうしてよりによって私がこんな目に遭わなければならないのだろうか」「これまで何も悪いことはしてこなかったのに，なぜ私が」という，理不尽にも与えられた不幸に対する怒りである。第3段階は「取引き」である。「自分を治してくれるなら，全財産を寄付しても

いい」と思ったり，「悪いところはすべて改めるので何とか命だけは助けてほしい」と神のような絶対的なものにすがろうとしたり，治療者に懇願したりする。こうした取引きは，患者の能動性と主体性を何とか回復しようという必死の努力である。これがいよいよ成功しないとわかったとき第4段階である「抑うつ」に入る。「思い残し，やり残しがあるのに死んでいかなければならない」自分の運命に失望し意気消沈するのである。しかし，この抑うつの段階の中でも，死を受け入れる「受容」という第5の段階に静かに入っていく。受容とは，すべてを肯定的に受け入れるということではなく，病との闘いから自分を引き離し，死を静かなあきらめをもって受け入れるというものである。キュブラー・ロスはこの受容の最終段階を「デカセクシス」（こだわることから離れるという意味）とも呼んでいる。

　大変興味深くまた貴重なのは，それらすべての段階において，「希望」が支えていることである。この場合の希望とは，「自分が病気だというのは間違いで，明日には医者が否定してくれるかもしれない」とか「すばらしい新薬が発見されて，病気が治るかもしれない」と考えることである。そうした希望は，客観的にみると何の根拠もない幻想に思えるかもしれない。しかしながら，それによってこそ，苦しく長い闘いが支えられるのも事実である。ギリシア神話の中で「パンドラの箱」に最後に残ったのは，人間が未来を知る能力（エルピス $\epsilon\lambda\pi\iota\varsigma$ ）であった。未来を知ることができないからこそ，希望を抱くことができるのである。

（3）　喪の作業と宗教性
　キュブラー・ロスが明らかにした死の受容へ至る過程は，かけがえのない「私」というものを喪失することを受け入れていくプロセスであった。しかし，誰かが亡くなるということは，死にいく本人ばかりでなく

遺された人々にとっても，大きな心の危機となる。その人を愛していたにしろ憎んでいたにしろ，生前は介護等で大変だったにしろ，あまり関わらないでいたにしろ，その人を失うということで私たちにはさまざまな心の動きが生じる。何がしかの形でその人の存在を前提として成り立っていた生活がバランスを崩し，ぽっかりと空いた対象喪失の穴をめぐって，さまざまな感情や思いが動く。そこでは，相手を失った悲しみばかりでなく，後悔の念も大きくなる。生前にこんなことをしてあげればよかったと思い，自分があのときあのことをしなかったから死なせてしまったのではないかと悔いたりする。こうした後悔の念は自分に向かうばかりでなく，周りの人を非難することに向くこともある。また，亡くなった人に憎しみを向けることもある。自分を置いて逝ってしまったことを憎み，あるいは，生前にその人にちらりとでも向けた憎しみを後悔したりもする。

　こうした過程は，第6章でみた母親から引き離された子どもの反応と共通するところがある。すなわち，大切な対象を突然失ってしまったという事実を何とか理解し，心を落ち着けていこうとするプロセスである。大切な対象を失ってしまうと，「その対象が不在である」ことに対する悲哀，憎しみ，後悔などの感情をさまよいつつ，次第に「その対象がかつては確実に存在していたこと」を感謝し「その対象が与えてくれた思い出」を慈しむことへと移り変わっていく，いわゆる喪のプロセスを巡り始めるのである。

　とはいえ，この喪の作業のプロセスは，大変に困難な道のりであり，自分一人の力では如何ともしがたいことも多い。自分では如何ともしがたいことに取り組むとき，自分が作り出したものではないことにコミットすることが，心の回復の大きな助けになることもある。宗教性や儀式といったものが，まさにそれである。死した人がどのように旅を続けて

いくのか，それを見てきた人は誰もいない．しかし，あらゆる宗教は，死後の世界に対する表象をもっている．こうした表象は単に，誰かが想像力で勝手に考えて作り出したという類のものではなく，その文化の中で納得いく形に次第に形成されてきたものであり，大切な人を失ったことで揺らいだ私たちの心を支えてくれる．

　また，喪のプロセスの途中途中で入ってくる儀式というものも，心理学的に実に巧みに作られていることには驚かされる．例えば仏教の場合3日目ぐらいに出すお葬式，初七日，四十九日，初命日，三回忌などの節目は，私たちが大きなショックから回復していくさいの心のリズムに則したものである．そのような儀式の節目節目を通過することで，亡くなった人に対する関わり方が次第に変化していくことに誘われるのである．

　このように，ライフサイクルとは，個人内のテーマとしてのみ捉えられるものではなく，その家族，そして共同体というものと密接に結びついて考えられるべきものなのである．

引用・参考文献

Ariès, P.（1960）*L'enfant et la vie familiale sous l'Ancien Régime*. Plon.
　（邦訳：杉山光信，杉山恵美子訳（1980）〈子供〉の誕生：アンシァン・レジーム期の子供と家族生活．みすず書房．）
Ariès, P.（1985）*L'homme devant la mort*. Points.
　（邦訳：成瀬駒男訳（1990）死を前にした人間．みすず書房．）
Baltes, P.B.（1987）Theoretical propositions of life-span developmental psychology : On the dynamics between growth and decline. *Developmental Psychology,* vol. 23

(5), 611-626.

Erikson, E.H. (1956) The Problem of Ego Identity. *Journal of the American Psychoanalytic Association,* 4, 56-121.

Erikson, E.H. (1982) *The Life cycle completed : a review.* Norton.
（邦訳：村瀬孝雄・近藤邦夫訳（1989）ライフサイクル，その完結（増補版）．みすず書房．）

Jung, C.G. (1960) The stage of Life. In : *The Structure and Dynamics of the Psyche, Collected Work,* vol. 8, Pantheon, 387-403.

河合隼雄（1989）ライフサイクル．In：生と死の接点．岩波書店，3-75.

Kübler-Ross, E. (1969) *On Death and Dying.* Macmillan.
（邦訳：鈴木晶訳（2001）死ぬ瞬間—死とその過程について．中公文庫．）

桑原武夫（1974）論語（中国詩文選4）．筑摩書房．

Levinson, D. J. (1978) *The Seasons of a Man's Life.* Ballantine Books
（邦訳：南博訳（1992）ライフサイクルの心理学（上・下）．講談社学術文庫．）

- 自分のこれまでの歩んできた人生を，エリクソンの発達漸成図式（図8-1）の区分に従って分けたとき，それぞれの段階でどのような印象に残るエピソードがあったか思い出してみよう。そして，そのエピソードが，エリクソンのいう危機と発達課題のどれに関連するかを考えてみよう。
- 子どもは親に育てられると同時に，親は子どもに育てられていく。この言葉の意味を考えてみよう。
- 弱さ，不完全さというものを，人間が自分自身の中の資質として認めていくことは，人格の成長にとってどのような意味をもつだろうか。もし，人にまったく，弱さ，不完全さというものがなかったら，どのようなことになるのかを想像して，検討してみよう。
- 私たちは，発展や成長ということ以外に，どのような「発達」のイメージをもつことができるだろうか。人間の成熟ということの新しいモデルを自分なりに考えてみよう。

9 | 人格とかたり

《目標＆ポイント》
・人が「かたり」によって，自分の歴史性ばかりでなく自分自身を構成していくことについて，ナラティヴという観点から理解する。
・心理療法で語ることが，なぜ人格の変容と治癒につながっていくのかを理解する。
・「かたり」においては，発話という行為をおこなう主体と，語られる内容となる主体の二重性が生じており，これが新たな主体の生成につながることを理解する。
・「かたり」は，人格的に措定された「あなた」へ向けてなされるものであり，このような他者をかたりの相手としてもつことが，「わたし」の成立の根拠となることを理解する。

《キーワード》 ナラティヴ，かたり，発話，主体

1．ナラティヴ

（1） ナラティヴとは

　私たちがエディプス期を通過して，言語によって自己を表象するようになって以来，私たちは自分自身についての「かたり」を続けていく。一日に体験する多くのエピソードのうち，あるものは忘れ去られ，あるものはその日の出来事として記憶に刻まれる。また，いったん何気ないものとして忘れ去られていたエピソードも，ある日ある時，豊かな意味をもって鮮やかに人生史のうえによみがえってくることもある。

このように私たちは，経験した出来事を単に受動的に記憶の中に積み上げていくのではなく，出来事を積極的に選択し体系づけ，自分の人生の意味とでもいうものをつねに更新し作り出している。このような点に着目して，特に言語の観点から個人の自己に関する表象を研究しようとするのが，ナラティヴという考え方である。ナラティヴとは，narrate（語る）という言葉からきている。私たちは自分自身の経験を語るとき，物事が生じた時間的な順番にしたがって，あるいは，因果関係にしたがって淡々と語るわけではない。語りの中では，現在のことを語っていながら過去へと遡ったり，現在と過去とが交互に語られたりすることもある。また，「おどろいたことには」とか「おもしろいことに」というように，語られる事柄に主観的な意味づけがなされ，まったく時間関係が考慮されないこともある。このようにナラティヴには，出来事の時間的な生起や因果関係とは異なった別の形で，私たちの経験の構成の仕方が見られるのである。

同じひとつの出来事であっても，人によって，あるいは同じ人でもその時々によって，そこに何を見るかは異なってくる。ナラティヴの背景にある構成主義という思想では，客観的で唯一の現実そのものという存在を否定し，現実とは私たちが主観的に構築したものであるという考え方をとる。黒澤明の映画『羅生門』を思い出してみるといい。ひとりの男が殺されたという出来事をめぐって，その当事者や目撃者が事件を語る。事実（fact）としてはひとつなのに，ひとりひとりが描き出す世界はまったく異なっている。どれが正しいとか，どれが間違っているとかいうのではない。それぞれが真実味（reality）をもっているのである。そもそも出来事を語るときに，すべてが委細に語りつくせるわけではない。私たちは，ひとつの出来事を構成する無数の事象の中から，私たちの目に映り私たちがそれと気づいたものを結びつけて，私たちにとって

の現実を作り上げているのである。

　ナラティヴでもう1点重要なのは，こうした構築は，ひとりの個人によってのみなされるのではなく，それを語りそれが他者によって承認されることで，社会的・共同的に構築されていく間主観的な性質をもつということである。そもそも私たちが使っている言語自体が，他者とのあいだで共同的に構築されたものである。私たちは，自分で言葉を一から編み出すわけではなく，他者が使用している言葉を覚え，それを使用して私を語る。また，私たちが事象を結びつけ意味づけていく仕方にも，それぞれの人の個別性はあるにしても，私たちの理解の仕方や説明の仕方は，その社会や共同体によって共有されたものでなければ意味をなさない。私たちが語る事柄は，他者が理解し認めてくれることで，ようやく私たちにとって意味があり確信できるものとなり，私たちのアイデンティティを構成するものとなるのである。孤島で20年以上を生き抜く知恵と力をもったロビンソン・クルーソーのような人間でも，彼が自分自身であることを確信し認めてもらうには，フライデーという他者が必要であったように。

（2）　ナラティヴセラピー

　このことは逆にいえば，私たちが物事をどのように見て，どのように語るかということは，他者との共同作業によって変えていく可能性に開かれているということである。ナラティヴの考え方を，心理療法に応用したナラティヴセラピーでは，そのことを強く主張する。私たちは，それぞれの出来事を別個に意味づけるのではない。異なる出来事や体験であっても，同じ意味づけをすることもしばしばある。ひとりの人の語りを見るならば，何度も反復して表れてくる語りの筋書きというものがある。望んだことが精一杯努力しても叶わなかったということに関して，

ある人は，いつも自分の能力と努力の不足として意味づける。またある人は，いつも運が悪かったと意味づける。またある人は，いつも周囲が無理解だったと意味づける。このような意味づけ方は，特定の事柄に対してだけでなく，その人の人生での諸々の出来事の意味づけ方に共通して反復して見られることがある。このような，個々人の語りに支配的な意味づけ方の筋書きは，「ドミナントストーリー（dominant story）」と呼ばれている。

　ドミナントストーリーは，ちょうど第6章で学んだワーキングモデルのように，私たちが物事を意味づけ行為する解釈枠（フレームワーク）として作用する。「どうせ私は…」「やっぱり…」という言葉は，新しい意味へ開かれる可能性のある出来事でも，これまでの自分の解釈の中に閉じ込めてしまう。変わる可能性がないのではなく，変わる可能性を自分では見つけられないのである。このような固定化された出来事に対する解釈枠を，セラピストとの共同作業の中で解体し読み替えていくのが，ナラティヴセラピーの目指すところであり，これは同時にあらゆる心理療法やカウンセリングの基礎でもある。自分のドミナントストーリーを意識化し，そのストーリーは一種の自己断定的な思い込みにすぎず決して変えられないものではないことを理解し，それまでとは異なった，クライエント自身も納得しそのように生きたいと思えるような，新たな代替となるストーリーの可能性を，丹念に探求していくのである。このような，それまでとは異なるものとして生まれ出る新たな物語のことを，オルタナティヴストーリーという。

　ドミナントストーリーは，しばしば大変強固で無意識的であり，意識化しようとするだけで気づけるようなものではない。それが図らずも表れ出たときに，あるいは行為化されたまさにそのときに，それに気づいていくという「いま・ここ」でのあり方が，セラピーにおいて重要と

されるのである。

2. かたりと主体

（1）〈かたり〉における主体の二重性と生成

　カウンセリングや心理療法では，クライエントは自分について語り，そして，この「語り」こそが，自己変容の原動力となる。しかし，なぜ話をすることが，このようにも変容につながっていくのであろうか。これについて〈かたり〉ということをキーワードとして考察してみたい。

　哲学者の坂部恵（坂部，1989）は，〈かたり〉のもつ独特の意味合いに関して言及している。坂部は「ことば」や「いう」「はなす」「口にする」などの行為と〈かたり〉とを区別し，その特徴を次のように述べる。第一に〈かたり〉は，「ことば」のように語り手から独立して存在することができるものではなく，語り手が語るという行為とともに表れ出るものである。第二に〈かたり〉は，単なる単語やことばの寄せ集めではなく，一定のまとまりと体系性をもつものである。第三に〈かたり〉は，その行為主体である「語り手」が自分を意識している度合いが高く，語り手には「かたる者」であると同時に「かたられる者」という二重の意識がある。〈かたり〉の本質をよく理解するためには，坂部の挙げている「富豪の息子をかたる」という表現例を考えてみるとよい。〈かたり〉は，そのように自己を表出するという点で「騙る」に通じる。「富豪の息子をかたる」ためには，自らをそれらしく〈よそおい〉，それらしく〈ふるまい〉，富豪の息子として〈かたり〉出なければならない。その語り手は，自らが〈ふり〉をしていることを意識しつつ，かといって決まりきった所作をするのではなく，富豪の息子らしく，そのつどそのつどの場において，臨機応変に振る舞わなければならない。つまりそこで語り手は，「かたる主体」として自らを新たに産出しつつ，「かたら

れる主体」を，一貫性をもったものとして形成していかなければならないのである。語るという行為において，語り手は，新たにその場で生成されるものとして，そしてそれを統合するものとしての，二重の意識が要請されるのである。

　このような〈かたり〉における二重の主体とその生成は，「騙り」ばかりでなく「語り」にも共通して見られる。私が語る場合，「語る私」と「語られる私」といった二重の「私」のダイナミックな生成過程がある。このような主体の二重性のダイナミズムは，〈かたり〉の場に特に先鋭化して現れるにせよ，私が〈わたし〉として語る発話行為すべてに見られるものである。言語学者のバンヴェニスト（Benveniste, 1966）は「語り（discourse）」について述べる中で，次のように指摘している。

　〈わたし〉ということばは，語っている者を指し示すと同時に，〈わたし〉に関する陳述にも関わってくる。〈わたし〉と言うとき，私は私について語らないわけにはいかない。(p. 228)／（私が〈わたし〉と言うとき）そこには一体化した二重の発話の営み（instance）がある。すなわち，指示する主体としての〈わたし〉（je comme référent）という発話と，指示されたものとしての〈わたし〉（je comme référé）を含む語りという発話である（p. 252. 訳は筆者による）。

　すなわち，私が〈わたし〉と言うとき，それは必然的に2つの「私」を生じさせることになるというのである。ひとつは，ことばを発している発話者である行為主体としての〈わたし〉である。もうひとつは，語られる内容（discourse）の主語としての「わたし」であり，そこでは私に関する陳述が展開される。すなわち，私が〈わたし〉と言うとき，私は「わたし」についての物語を述べるとともに，私は〈わたし〉であ

ると宣言し続けているのである。このように二重化する「私」の差異と同一性の中にこそ，「私」という主体（＝主語，subject）は存在する。語っているうちに，自分では思いもしないことを語り，それに対して驚く自分がいる。あるいは，自分が言いたかったことは，これだったのかと気づく体験がある。そうして新たに生まれ出る自分は，ほかならぬ〈わたし〉から生まれた「わたし」なのである。〈かたる〉ことによって，「語る主体」としての私は，新たに私のもとで生成され，「私」の物語は編み直されていくのである。

（2） 聴き手の重要性

　〈かたり〉をおこなうとき，そこには必ず「聴き手」が存在している。これは，「話しかける」と「語りかける」との違いを考えてみたらよいであろう。たとえば，「子どもに話しかける」といった場合，話しかけられる対象である子どもは，話しかけるという行為が生じるまでは聞き手である必要はなく，話しかける行為そのものが子どもを聞き手ならしめる。これに対して，「子どもに語りかける」といった状況の場合，子どもは語りかけられる前から「聴き手」として，話し手と聴き手の関係の場にいることが想定されているというニュアンスがある。すなわち，〈かたる〉という行為の対象として聴き手になるのではなく，〈かたる〉行為に先行して聴き手として存在しているのである。〈かたり〉が聴き手を作り出すのではない，聴き手が〈かたり〉を作り出すのである。

　もうひとつ重要なのは，聴き手は統一的な人格をもつ存在であると語り手から想定されていることである。「犬に話しかける」という場合は，犬にあいさつをしたり，犬に何かを言って聞かせたりする場面を想像するが，その犬は必ずしも話し手の言葉を理解している必要はない。これに対して「犬に語りかける」という場合，語り手は犬を人格化し，

語り手の語りを理解し，聴き手として内面に意味を布置していくことができる存在として想定されることであろう（たとえそれが空想であっても）。人格の成立の根拠について考えるときに，実はこれは驚くべき事実である。〈わたし〉が存在できるのは，〈あなた〉に向かって，〈あなた〉が私の語りを理解してくれると信じて語るときなのである。

　先程引用した言語学者のバンヴェニスト（Benveniste, 1966）は，さまざまな言語における人称の使用の知見を総合し，次のように述べている。

　自分という意識（la conscience de soi）は，対比によってしか感じとられない。私が〈わたし〉という言葉を使うのは，誰かに話しかけるときのみであり，その誰かとは私からの語りかけ（allocution）の中で〈あなた〉となるのである……そして実際，〈わたし〉と〈あなた〉という人称の特徴のひとつは，それが固有の唯一性（unicité）をもつということである。すなわち，発話する〈わたし〉，そして〈わたし〉から語りかけられる〈あなた〉は，そのつどそのつど一回限りなのである（p. 230. 訳は筆者による）。

　実際，私たちが〈わたし〉を主語にして語るのは，誰かに向かって語っているときのみである。つまり私が〈わたし〉を主語として語るのは，〈あなた〉に向けて語るときのみなのである。もちろん私たちは時おり，自分自身に向けて語りかける。あるいは，アンネ＝フランクのように想像上の人物に語りかけるかもしれない。しかしながらそのいずれの場合においても，語りかけ呼びかける相手として〈あなた〉が〈わたし〉に先行して存在しているのである。そして，バンヴェニストによれば，〈あなた〉と〈わたし〉は，内実をもつ実体として存在するもので

はない。そのつどそのつどの「語りかけ（allocution）」という行為の中で新たに生じてくるものなのである。そもそも〈わたし〉が他の名詞と同じように特定の性質や内実をもつとしたら，どうして誰もが自分自身のことを〈わたし〉ということができようか。これは，〈あなた〉に関しても同様である。〈わたし〉も〈あなた〉も，実体的なものではなく，毎回毎回の語りかけのたびに，その場の中で固有に唯一無二のものとして生まれるからこそ，誰もが〈わたし〉と〈あなた〉を措定できるのである。そしてこの絶対的な個別性，一回性ゆえに，〈わたし〉と〈あなた〉という人称的関係は，普遍性をもつのである。

3. 心理療法とかたり

（1）　不在から生まれてくる〈あなた〉

　私が語ることにおいて新たな〈わたし〉が生成し，そして，そのためには〈あなた〉の存在が先行的に不可欠であることを見てきた。しかしながら，そうした重要な〈あなた〉は，別々の人間である限り，いつも私の側にいてくれるとは限らない。ここで重要なのは，こうした〈あなた〉が，実際にそこに存在しているという次元から，私の心の中に内的な対象として存在している次元へと移行していくことである。心理療法は，まさにそのことをめざしている。学派によって差はあるが心理療法では，クライエントは，1週間のうち特定の曜日の特定の時間にやってきて，通常は50分，セラピストに対して語っていく。そして，1週間のうちの残りの167時間は，セラピストは不在である。面接の時間では実在する〈あなた〉に語るが，インターバルの期間では，〈わたし〉が語りかける〈あなた〉はそこにはいない。だからこそ〈あなた〉の内的なイメージに語りかけはじめるのである。実在としての〈あなた〉が不在

であるということを通してはじめて，それは心の中の対象として確実な
ものとなっていくのである。

（2）　セラピストのかたり

　だが，セラピストが不在のあいだにも，クライエントが語りかける
〈あなた〉を措定し続けることができるためには，やはり一定程度の力
が必要である。それがない場合，不在という事態は，かろうじて生まれ
つつあった〈わたし〉が，切断され破壊されることにつながってしまう。
したがって心理療法では，単に（面接の）インターバルの期間に手離し
に期待するのでなく，語り手の〈わたし〉ができるだけ確固としたもの
となっていくような面接上の技法が工夫されている。セラピストがクラ
イエントの発話に対しておこなう応答の特徴を見てみよう。心理療法の
対話には，日常会話と異なるいくつかの点がある。たとえばクライエン
トが，「今日，来る途中で，犬がすごい勢いで走っているのを見た」と
興奮して語ったとしよう。日常会話であれば発話の内容に反応し，「そ
れはすごいね」とか「驚いたね」等と言った後，「どんな犬だった？」
と会話が進んでいくであろう。すなわち，〈かたり〉の内容に焦点化し
て会話が進んでいく。

　これに対して，心理療法の対話の応答では，クライエントの語る動機
や意図に対して焦点が向けられる。「この人は，なぜ今，わたしとのこ
の関係の場において，そのことを語るのか」「それを述べることには，
どんな意図がありメッセージがあるのか」というように，〈かたり〉の
背後に一貫して関心を向ける。こうしたセラピストの応答や介入は，必
然的にクライエントの主体の一貫性を先行的に配慮しつつめざしたもの
となる。聴き手であるセラピストが，語り手であるクライエントに先行
して主体の連続性を措定しているのだともいえよう。

これは決して，セラピストのほうがクライエントより最初から一貫した存在であるとか，クライエントの語りを紡いでいるとかいうことを意味しているのではない。セラピストがおこなっているのは，クライエントが一貫した人格的存在であるということを，信じようとしているということなのである。すなわち，クライエントが語ることは，決して断片的な〈はなし〉ではなく，ひとつの〈かたり〉として一貫性をもつものだと考え，そのように応答していくということなのである。これは，セラピストのほうがクライエントを，〈あなた〉だとして措定していることだといってもよい。クライエントのひとつひとつの発話の文脈や潜在的な動機などをイメージしながら聴くということは，きわめて能動的な営みである。そこではたとえセラピストが言葉を発していないにしても，セラピストは心の中でクライエントに対して一種の〈かたり〉を続けているといってもよい。

　このように考えるならば，〈わたし〉について語る主体のありかとは，どこにあるのであろうか。セラピストもクライエントも，どちらもが〈わたし〉を自分のものとして最初から所有しているのではない。心理療法における〈わたし〉とは，お互いが相手を〈あなた〉として，すなわち人格的存在であるとして信じあい措定するあいだに生じてくる，ひとつの事象であるといえるのである。

引用・参考文献

Benveniste, E. (1966) La nature de pronoms. *Problèmes de linguistique generale*, 1, Gallimard, pp. 251-257.
（邦訳：高塚洋太郎（訳）代名詞の性質．In：岸本通夫（監訳）(1983) 一般言語学の諸問題．みすず書房．）

小森康永・野口裕二・野村直樹（編著）(1999) ナラティヴ・セラピーの世界．日本評論社．

MacAdams, D.P. (1997)：*The stories we live by*. The Guilford Press.

大山泰宏 (2005) 私の歴史が生まれるとき．こころの科学，123，164-171.

坂部　恵 (1989) ペルソナの詩学．岩波書店．

- 自分自身の最近1年間の出来事に関して，自分自身に語ってみよう．それをもとにして，次のことを考えてみよう．
    1) 物語の中での出来事として選ばれたのは，どのようなことだろうか．毎日繰り返された日常的なこと？　どちらかというと特別なこと？
    2) 全体としての物語の感情的トーンはどのようなものだろうか．楽しさ，悲しさ，焦り，あきらめ，……．
    3) 語ってみることで，何か新しい発見はあっただろうか．
- 人はなぜ日記を書くのか．日記を書くことで，考えがまとまったり，気持ちが落ち着いたりするのは，なぜだろうか．
- 日記を書いて自分自身へ語りかけることと，他者に語りかけるカウンセリングの違いは何であるかを考えてみよう．

10 | 人格が病み傷つくということ

《目標＆ポイント》
・人間にとって，心のバランスを崩すということは，新たな自分へと成長していくためのきっかけとなりうることを理解する。
・精神疾患の診断の発想について理解し，その長所と短所を知る。
・神経症の種類と区分の仕方，代表的な神経症の特徴を理解する。
・統合失調症，うつ病といった精神病の特徴を理解する。
・トラウマの特徴と，人間の心の成長に対する意味について理解する。
《キーワード》 欲求，欲望，精神疾患，神経症，精神病，トラウマ

----

1. 心の課題

（1） 欲求と欲求不満

　人は，完全にその欲求が満たされた状態になることはあるだろうか。母親の胎内にいるときは，欲しいときに欲しいものが与えられ，恐怖や不安から護られた状態であったかもしれない。しかしそもそも，欲しいときに欲しいものがすぐに与えられるならば，その対象はもはや自分と別の対象であるとは認識されないであろうし，それに対する欲求自体も認識されないであろう。私たちの欲求，あるいは私たちとは別の対象が現れてくるのは，欲求の充足が遅延し阻止されるという契機が入ってきてからである。

　欲求が満たされることができなくなったとき，人間はさまざまな営み

を始める。それを探し求めたり，他者に充足してもらうことを求めたり，あるいは空想によって埋め合わせようとすることもあるだろう。母胎から分かたれ誕生した後に生き抜いていくための発達とは，まさにこの欲求が充足されないこと，すなわち欲求不満に対処していくための営みであるとさえいえるかもしれない。

　欲求といっても，人間の場合は，単なる生理的な欲求だけに留まらない。もちろん，欲求の中でもっとも基本的なものは，自己の生命や種としてのつながりを維持していくための欲求である。このような生理的欲求は，心理学では need と呼ばれる。need は，いったん充足されれば，やがてまたそれが不足状態になるまでは，治まっているものである。一方で人間には，直接的な生命維持とは関係なく，目的を達成しても治まらないような欲求がある。これは，need と区別されて desire（欲望）と呼ばれるものである。たとえば，人間にとっての性欲は，need ではなく desire である。社会生物学という学問は，性というものがあらゆる動物にとって，個体の振る舞いや戦略を規定する重要な要因であることを明らかにしてきた。しかしながら，一般に動物の性の追求は特定の発情期に限られ，それが種の存続という目的を達すると，しばらくは止むものである。これに対して人間にとっての性は，こうした生物学的な目的から遊離して，それ自体が追求の対象となっている点で，動物的な本能とは異なっているのである。死も同様である。他の動物にとっては，その危機が身近に迫るまで，死は恐れるべき対象ではない。しかし人間にとっては，どんなに健康で安全な状態におかれているときでも，自分や他人の死を思うことで不安をもつ。さらには，自身の存在を終わらせる死というものを，自分で求めることさえある。これも，動物的な本能とは大きく離れたものである。

　このように考えるならば，人間には，完全に満たされた状態というも

のはないといえるであろう。おそらく，人間が人間であるということは，生物学的な欲求充足の原理とは異なる，ある種の欠如を抱え続けることなのであろう。換言するならば，人間はつねに何らかの欲求不満状態にあるのである。

アメリカの心理学者マズロー（Maslow, A.H.）は，人間の欲求には階層があると考えた。人間の欲求には，そのもっとも基本的なものから順に，生理的欲求，安全の欲求，親和の欲求，自我の欲求，自己実現の欲求と，欲求の5段階があるという。一般的には，より基層にある欲求が十分に満たされないうちは，それより高次の欲求に注意が向けられることはない。生理的欲求とは，生命体として自己を維持するための欲求である。安全の欲求とは，人間が生きるうえで脅かされないことを求めることである。親和の欲求とは，他人と関わったり他者との同一化を求めたりする集団帰属の欲求である。自我の欲求とは，自分が価値ある存在と認められ，自尊心をもつことである。そして自己実現の欲求とは，自分の能力や可能性を発揮し，創造的活動や自己の成長を図りたいと願う欲求のことである。5つの欲求は上の段階にいくほど，生物として生きるということよりも，人間としての可能性を発揮して生きていくことに関わるものである。マズローが言うには，カシの木がカシの木として生長していくように，馬が馬らしく成長しようとしていくように，人間にはその人としての可能性を十全に発揮する自己実現に向かうような，内在的な力があるという。このように，ひとつの欲求が満たされれば，自己実現に向けてより高い欲求が訪れ，新たな価値ある欲求不満に開かれていくことになり，これが人間の成長と発展の動因となっているのである。

（2） S-R図式と心の平衡理論への批判

心理学は，人間の諸々の行動の仕組みを解明しようとする学問である。そのさいに，現在主流となっている2つの前提がある。ひとつは，人間の行動を刺激に対する「反応」として捉えようとするS-R図式（刺激—反応図式）である。この考えによれば，入力された刺激に対応する反応との関係を系列的に調べていくことで，そのあいだにある「心」について知ることができると考えられる。もうひとつの前提は，「平衡原理」である。そこでは心理的装置の基本的な働きは恒常性維持（ホメオスタシス）にあると考えられている。すなわち，人間が何らかの行動をしたり何らかの表象をもったりすることは，生体や心の平衡（バランス）が外的な刺激によって崩れたので，その平衡を取り戻すためにおこなわれるものだと考えるのである。たとえば，防衛機制のメカニズムの多くは，緊張緩和ということから説明される。

一般システム論の提唱者，ベルタランフィ（von Bertalanffy, 1968）は，こうした人間観を「ロボットモデル」と呼んで，鋭く批判している。一般システム論とは，生命と深く関連しているシステムにおいて，化学反応，細胞，生物の諸器官，心理システム，社会組織など，階層の異なるシステムに通底して見られる共通の性質を通して，生命を理解しようとする考え方である。この考え方に従うならば「刺激—反応図式」は次のように批判される。すなわち，もし人間の行動は外界からやってくる刺激に対する反応として考えられるのなら，刺激がなければ行動はありえないということを意味することになり，人間は環境に従属する存在となってしまう。刺激なきところにも，内的な動因によって人間がおこなう行動を説明することが，原理的に排除されてしまい，人間は刺激に反応するだけのロボットのような存在になってしまうというのである。さらに，平衡原理を人間の行動の原因として掲げる理論は，次のよ

うな例から批判される。もし，人間のあらゆる行為は心のバランスを保つためのものであると考えてしまうと，人間が心的平衡を崩してまで積極的に展開する行動について，説明できなくなるというのである。たとえば,登山などの行為は,けっして平衡を取り戻すためのものではなく,むしろ平衡を崩していくものであろう。また，ベルタランフィが述べているように，心的平衡原理の馬鹿げた応用として，「火刑で死んだ殉教者はそちらのほうが，生き長らえるよりも心的平衡を保つのに有利だから」という説を批判しているように，人間の価値追求のような行動も，単なる緊張緩和のためとして貶められてしまうであろう。欲求不満や葛藤を解消し適応をめざすということは，確かに人間の行動の主要な動機のひとつであるが，人間の行動はけっしてそれだけのためにおこなわれているのではない。苦しく危険を冒しても，エベレストを登る人々の動機は，欲求不満や葛藤の解消とか，適応という概念だけでは説明できない。生活の苦しさをあえて引き受けながら，創作活動をおこなう芸術家の行動についても，同様である。要するに人間は，単に葛藤や欲求不満を解消し適応をめざすのではなく，自らを葛藤状態や欲求不満の状態に置き，価値の追求や創造のためにバランスや適応を崩していくことさえもおこなう存在なのである。

（3）　心の疾患と成長

　平衡状態の崩れは，私たちがそれを求めなくとも，さまざまな心の病としてしばしば私たちに降りかかってくることがある。しかし，その崩れを単に取り除き，もとの平衡状態へ戻すことが，心の治癒であるのではない。私たちの心のバランスが崩れたことをきっかけとして，新たな変容と創造とに向かう途を探すことが重要なのである。

　心の病を単なる心的平衡の崩れとして考えるならば，その平衡の崩れ

をもたらした原因を除去していくことがめざされるであろう。症状を取り除き，不快な記憶を取り除くことが，めざされるであろう。そのような治療法も確かに存在し，時には意義あるものである。しかしながら，症状にはしばしば，あえて平衡を崩すことで新たな体制へ生まれ変わるための，積極的な意味が含まれることも多い。たとえば，「摂食障害の症状は，母親から自立しようとしている動きのあらわれである」とか「うつ状態は，それまでとは異なった自分の生き方を探すきっかけだ」というように，心的な症状は，しばしば目的論的に意味づけられ，実際それが重要なことも多い。この考え方として代表的なものが，ユングの提唱した心の補償機能である（第8章参照）。ここでもう一度説明するならば，心の補償機能とは，あまりにもひとつの極性に偏った生き方や態度をおこなっていると，その偏りを補うためにそれとは対極の動きが無意識に生じてくるというものである。たとえば，あまりにも思考的で合理的な生き方をしてきた人が，いきなり感情的で情緒的な人間関係に振りまわされるようになるといった例である。こうした心の補償機能は，多くの場合，本人にとっては訳のわからない不気味なもの，破壊的なものとして立ち現れてくることも多い。その意味をしっかりと読み取って，心の声として聞き取って，意味づけていくために丹念に自分の生き方を考え直していくということが必要になってくるのである。

2. 精神疾患

　私たちが生きていく中で，精神的な不調を感じることは誰もが体験することである。それを何とか抱えて生きていける場合もあれば，何らかの症状として出てくることもあろう。心的な不調や症状を呈することは，もっとも広義には精神疾患（mental illness もしくは mental disorder）と呼ばれる。

（1）　精神疾患の原因

　心の病である精神疾患といえども，必ずしも心に原因があって生じる
ものではない。人間の精神活動は，脳を中心とする身体器官を基盤とし
ているので，いわゆる身体的・生物学的な原因から精神症状が出てくる
場合もある。

　精神疾患の原因は，外因（exogenous），内因（endogenous），心因
（psychogenic）の3つに大きく分けられる。外因とは，脳に物理的な損
傷や変化があって，その結果生じる精神疾患である。たとえば，脳腫瘍
や脳の損傷，認知症による脳の器質的な変質は，人格の変化をひきおこ
す。また肝臓疾患や特定の物質（アルコール・薬物など）は，脳の働き
に影響を与え，これも人格変化や妄想などの精神症状を引き起こすこと
がある。

　これに対して内因とは，精神疾患の原因として，目に見えるような外
的で後天的な要因ではなく，脳の機能の障害や遺伝的素因などの生物学
的要因に原因があると想定するものである。ここで「想定する」と書い
たが，これは脳にそのような原因があると確実に特定できるものではな
く，あくまでもそう推測している面を含むからである。現在，脳の活動
を視覚的に表す脳イメージングの技術が進歩し，特定の精神疾患に特有
の脳の活動状態の特徴が示されたり，また，さまざまな精神疾患に関係
する遺伝子が特定されたりしたことから，精神医学は生物学的な見方に
傾斜してきている。しかしながら，そうした生物学的要因の特定は，そ
の精神疾患の必要十分な原因を示すものではなく，前提条件を示すもの
にすぎず，やはりそこには推定が含まれざるを得ない。内因性の精神疾
患とされる代表的なものは，統合失調症や躁うつ病などである。

第10章　人格が病み傷つくということ　│　**161**

いっぽう心因とは，脳の機能障害，物理的損傷などがなく，心理的ストレスや性格，環境などが原因と考えられるものである。すなわち，心のあり方や心の反応の仕方に原因があるとするものである。心因という考え方は，現在の私たちにとって馴染み深いものであり，私たちはむしろ過度にあらゆる精神疾患を，心に原因があると考えてしまう傾向があるが，心因の存在は精神分析の誕生によって明らかになったものであり，実はたかだか100年程度の歴史しかない見方である（第11章参照）。心因とされる精神疾患には，うつ状態や神経症がある。たとえば，うつ状態は内因性と考えられるうつ病と異なり，過度の継続するストレスやショックな出来事など，大きな負荷が心にかかることで生じるものである。これに対して，内因性のうつ病は，特にそうした心的負荷がなくても発症しうることもある。なお，心理療法やカウンセリングと深く関連した考え方では，心因をさらに，環境因と（狭い意味での）心因とに区別して考えることが多い。これは，心理治療をおこなっていくうえで，その人が置かれている外的要因（環境因）に原因があるのか，それともその人のもともとの性格傾向などの内的要因（心因）に原因があるのかを区別するのが，有効であるからである。

（2）　精神疾患の分類

精神疾患をどのように分類するのかについては，多くの立場があるが，現在もっとも広く普及している分類は，アメリカ精神医学会によるDSM（Diagnostic and Statistical Manual of Mental Disorders：精神疾患の診断と統計のためのマニュアル）と，WHO（世界保健機関）による精神疾患のみならず他の身体的疾患も含めた疾病一般の分類基準であるICD（International Statistical Classification of Diseases and Related Health Problems：疾病及び関連保健問題の国際統計分類）である。2014

年現在，DSM は DSM-5 として第 5 版が最新版であり，ICD は ICD-10
として第10版が1990年から使用されている。

　これらの基準に従った分類は，それまで治療者の主観や経験にもとづ
いて分類判断されていた精神疾患を，誰もが参照可能な形で客観的に分
類記述できるという点で，重要である。また，マニュアル化された診断
であるので，医師の経験年数や力量にあまり左右されずに診断が下せる
というメリットがある。さらには，それらの詳細な分類基準ごとに，治
療実績のデータが蓄積されていくので，疾患ごとに一般的に有効である
治療法をエビデンスをもって検索できるというメリットもある。しかし
ながら，これらの診断基準は，あくまでも分類システムであり，疾患の
原因を明らかにしようとする病因論的観点や力動的観点が抜け落ちてい
ること，同じ治療薬が有効に作用する疾患は同じ分類に振り分けられて
しまう場合もあることなどから，医学的な理論の一貫性に欠けるといっ
た批判もある。

　本章では以下に，神経症（neurosis）と精神病（psychosis）といった
区分を基礎に，精神疾患を分類し説明していきたい。神経症というカテ
ゴリーは DSM の中では廃止されたが，やはりこの分類は臨床上有効で
あるというのが，大方の一致した見解である。

（3）　神経症

　精神分析は，神経症（neurosis）への着目から始まった。神経症と
は，神経学的な異状はないが，その機能において異状が見られるもので
ある。神経系統に原因があるわけではないので正確には「神経症」とい
う言葉は不適切であるが，それが19世紀末に着目され出した時期には，
神経系統の異状という内因があるのではないかという仮説のもとにその
原因の探究と治療がなされていたために，この名称が広まりその後も残

っている。神経症としてまず着目されたものは，ヒステリーであった。これは身体的・神経学的な異状はないのに，歩けなかったり目が見えなかったりと，運動や感覚の機能に異状が生じ，あるいは記憶の欠落や意識水準の低下が見られるものである（第11章参照）。ここから内因や外因とは別の心因ということが考えられるようになった。

　神経症水準の精神疾患は，精神力動的には，その症状を抱えることに対して本人が主観的な苦痛をもっている，その苦痛が他者にとっても了解可能である，症状を回避し消失させようとする努力が却って症状を悪化させてしまう，などのいくつかの特徴をもつ。要するに，神経症とは，主体が自己を何とか維持していこうとする営みがあるが，それがうまくいかなくなっている状態であるといってよい。次に代表的な神経症についてまとめておく。

・恐怖症：対人的な不安や緊張，あるいは特定のものに対する不安や恐怖が，日常生活に支障をきたすまで強くなったものである。その多くは，次の2種類に分類される。ひとつは，広場恐怖と呼ばれるものである。これは単純に広場が怖いという意味ではなく，自分の力では変えることができないような状況や寄る辺ない状況で，強い不安が引き起こされる病態である。たとえば，人が多くいる空間，街中の雑踏，電車やバス等の乗り物，エレベーターの中などの，種々の空間に対する恐怖症であり，そうした状況を回避する行動をひきおこす。もうひとつは，社会恐怖(対人恐怖)である。人前での発言や字を書くときに手が震える等，他人から注目され批判されたり恥をかくのではないかというようなおそれである。その他，特定の動物，先のとがったもの，暗闇など特定の対象に対する恐怖症がある。

・パニック障害と全般性不安障害（不安神経症）：不安神経症は，恐怖症と異なり，特定の状況や対象に限定されないところで，不安が出現す

る症状である。パニック障害と全般性不安障害とがこれに含まれる。

　パニック障害は，パニック発作が生じることを特徴とする。パニック発作は不安発作とも呼ばれ，「このまま死んでしまうのでは」「気を失って倒れてしまうのではないか」という強い不安や恐怖とともに，動悸，頻脈，胸痛，吐き気，発汗，めまい，呼吸困難など種々の自律神経症状が突然出現して，その状態が数分〜数十分持続するものである。こうした症状自体はやがて落ち着くが，あるときまた突然に反復される。パニック発作がある場合は，ほとんどの場合，広場恐怖も見られる。全般性不安障害は，理由も分からず何かにつけてそわそわとした不安な状態が続き，不眠，震え，筋肉の緊張，発汗，めまい，頭のふらつきなど多彩な身体症状を伴うものである。

・強迫性障害（強迫神経症）：反復する強迫観念や強迫行為を主な症状とするものである。強迫観念は，心に繰り返し浮かぶ不快な考えやイメージで，本人はそれが無意味であるとか過剰であるとかわかっていても打ち消すことができず，それにせきたてられるのが特徴である。過失や不潔に対する恐れ，他人や自分に危害を加える恐れ，神仏への恐れなどが多く見受けられる。強迫行為は，強迫観念に伴う不安を打ち消すため，自分でもばかばかしいと思いながら，繰り返さずにはいられない行為である。たとえば執拗な手洗いや入浴，施錠の確認，縁起等の確認等が挙げられる。

・解離性障害と転換性障害：解離性障害は精神機能の一部が，転換性障害は身体的機能の一部が意識から解離して，本人の意思によるコントロールが失われた状態である。先述した DSM では，解離性障害と転換性障害は別々の疾患カテゴリーとなっているが，ICD-10 では，同一の機序をもつものとして考えられ，解離性（転換性）障害としてひとつのカテゴリーにまとめられている。解離性障害は，つらい出来事の記憶が部

分的に失われたり，特定の時間帯の記憶がまるごと抜けていたりすると
いった，主に記憶が人格から切り離されたものもあれば，ある程度まと
まりをもった人格が，その人の主たる人格から切り離されて機能する解
離性同一性障害（多重人格性障害）もある。転換性障害は，身体に病気
がないにもかかわらず麻痺して歩行できない，声が出ないなどの運動障
害やけいれんや知覚の麻痺などを生じる，かつて転換性ヒステリーと呼
ばれていたものがここに入る。DSM ではこれらは，体を借りて心の状
態が表れているものとして，自分の顔が醜いと信じこんでしまう醜貌恐
怖などとともに，身体表現性障害として分類されている。

（4）　精神病

　精神病とは，何らかの脳の機能障害，または脳の神経伝達物質のアン
バランスが原因で起こる病気があると想定されるものをいい，先述した
内因性のものに含まれる。代表的なものは，かつてクレペリンが二大精
神病として分類した統合失調症（精神分裂病）と躁うつ病である（後に
クレペリンはてんかんを加えて三大精神病とした）。
・統合失調症：精神病の中でも，もっともその症状が明確に出てくるも
のであり，古くから注目されていた。幻覚や妄想，奇異な言動などを含
む特有の「陽性症状」と，社会的ひきこもりや意欲低下，会話や思考が
貧困になるなどの「陰性症状」を含む。統合失調症の発病後の特徴的な
症状として，周りの人が自分の悪口を言ったり，害を与えようとしてい
ると思い込む「被害妄想」，周りの些細な出来事が自分に関係あるよう
に思い込む「関係妄想」，自分の考えが抜き取られたり漏れ出ていると
確信する「思考奪取」，自分のものではない考えが吹き込まれたと確信
する「思考吹入」などがある。「陽性症状」としては，ほかにも，幻覚
（大部分は幻聴）が頻繁に現れる。自分を非難するような声や，第三者

が自分について話し合っている声や話しかけたりしてくる声が聞こえて
くる場合もある。

・うつ病，躁うつ病：うつ病は大別すると，うつ状態のみが周期的に訪
れる単極性うつ病と，躁状態とうつ状態とが，交互に周期的に訪れる双
極性うつ病とがある。

　単極性うつ病は，一般にうつ病と呼ばれているものである。先述した
ように，うつ状態自体は，たとえば精神的な疲労が蓄積したときや，職
場や家庭の環境が変化したとき，愛すべき人やペットなどの重要な対象
を失ったときなどにも見られるものであるが，それらによって生じるう
つ状態は，うつ病ではない。うつ病とされるものは，そうした環境的要
因や心理的要因といったものの影響とは考えられにくく，したがって，
何らかの生物学的な要因（内因）によって生じているのではないかと考
えられるものである。内因は直接観察や測定が困難であるので，したが
って，抗うつ剤の効果が顕著であるか，外因や心因との因果関係が明確
ではないか，といったことから推測される。

　躁状態とうつ状態が周期的に繰り返される双極性うつ病は，一般に躁
うつ病と呼ばれているものであり，診断的には，双極性障害，あるいは
双極性感情障害と呼ばれる。双極性障害は，うつ病に比べて，反応性の
ものというよりはるかに内因性の強いものであると考えられている。躁
の状態のときは，自分がすばらしい考えを思いつき，何でもできるかの
ように感じ，また行動も派手になるが，うつの状態となると表情も一変
し，貧困妄想や自殺企図などが見られたりする。

3. トラウマ

（1）　トラウマの定義
　人が日常生活では予想もできないような大きなショックを受けたと

き，たとえば，自分自身が交通事故に遭いながらも九死に一生を得たとき，目の前で友人が突然の事故で亡くなったとき，あるいは大きな自然災害に遭った後など，特有の心的状態や反応が起こることが知られている。こうした出来事の体験は，トラウマ（心的外傷）をもたらすと考えられている。特徴的なのは，トラウマを受けながらも，その後もある程度は日常生活を普通に送れることである。しかしながら，トラウマの場面につながるような徴候的な出来事に遭遇すると（たとえば自然災害に遭ったときに鳴っていたサイレンと同じ音を聞いた時など），突然にそのときの場面の記憶がよみがえり，恐怖や強烈な自律神経系の反応を伴う，フラッシュバックが生じることがある。フラッシュバックで回帰してくる記憶には，通常の記憶と異なるいくつかの大きな特徴がある。ひとつは，想起される記憶は，意味記憶の処理過程を経ていないことである。そのときの場面の感覚記憶的な詳細，すなわち，突っ込んでくる車のドライバーの驚いた顔とか，そのときに偶然に目に入った木の葉に反射する光などの細部が克明に思い出される。また，そうした記憶は，スローモーションを見るようであったり，切れ切れの断片的場面であったりして，通常の時間感覚と異なっており，前後の記憶が思い出せないことも多い。

　もうひとつの特徴は，そうした場面を自分では意識的に想起することはできず，突然何かのきっかけで思い出されてしまうということである。こうしたフラッシュバックは，本人が思いもしなかったようなときに，何かのきっかけで反復して現れてくるのである。

　フラッシュバックは，夢の中に現れてくることもある。トラウマについて最初に着目したフロイトは，第一次世界大戦中に戦友が目の前で弾に当たって亡くなるという体験をした兵士が，いつも友人が川に流されていく夢を繰り返して見て，そのたびに驚いて目覚めるという例を紹介

している。

（2） トラウマのメカニズムと心理療法

　トラウマは，その体験があまりにも大きすぎ強烈すぎて，私たちがその体験をこれまでの人生史の経験から意味づけたり理解したりすることができないときに生じるものである。そのため，私たちの人格から切り離されて，私たちにふだんは認識されることなく，あるいは語られることなく，私たちの中に留まり続ける。診断的には，トラウマに関わる症状が4週間以内に沈静化すると急性ストレス障害（ASD：Acute Stress Disorder）とされ，それ以降も継続するなら，心的外傷後ストレス障害（PTSD：Post Traumatic Stress Disorder）とされる。大脳生理学的には，トラウマ体験のように生命の危機に関わるような体験に対する人間の反応は，大脳新皮質で意味処理されるのではなく，より原始的な大脳辺縁系でなされる，直接的で情動的な反応であると考えられている（第4章参照）。したがって，それまでの私たちの綴った意味的記憶で構成された人生史に統合されることなく，そのままの形で留まるというのである。

　これは精神力動的には，象徴化できていない記憶であるといえる。象徴化されていないゆえ，心的内容としては扱われず，それに対しては，行動化したり衝動として出てきたりするしかないのである。フラッシュバックのときに，自分では気づかないうちに自傷行為をおこなってしまうことがあるのも，そのためである。

　トラウマに対しては，さまざまな心理療法的なアプローチがある。ひとつは，トラウマの体験の記憶そのものの影響を弱めていこうというものである。たとえば認知行動療法では，トラウマの体験の想起から生じる感情やそこから形成された自己イメージや信念を，安全で安心できる環境のもとで少しずつ修正していこうとする。またトラウマの記憶が，

第10章　人格が病み傷つくということ　｜　**169**

大脳辺縁系の生理学的な基盤との結びつきが強いのであれば，それを何らかの操作的方法で結びつきを解こうとする方法もある。たとえば，眼球を左右にリズミカルに動かすことをしながら当時の出来事を思い出し，脳の左右の興奮のバランスを回復しながら，トラウマの記憶に伴う苦痛を和らげていく，EMDR（Eye Movement Desensitization and Reprocessing：眼球運動による脱感作と再処理法）である。いずれの方法も，まずは，安全で安心できる環境を提供した上でおこなわれるところは共通している。

　トラウマの記憶は，意味処理されない感覚記憶に近いという点で，私たちの最早期記憶と同様の構造をもち，実際に記憶の特徴も類似している。最早期記憶とは，第7章でみたように，私たちが言語的な記憶をもつようになる，そのはざまにある記憶であった。精神分析的には，エディプス期に移行するはざまの記憶であり，意味体系にのぼってこないがゆえに，私たちはそれを自分でも気づかない行為として反復しており，だからこそそれが私たちのあり方の基盤を形成しているともいえるものであった。トラウマとは，そうした私を成り立たせ私を意味づけている根源に突き刺さる，大きな棘であり大きな裂け目であり，私たちの根源が揺らされる事態である。

　しかしながらこれは，逆説的だが，トラウマということに取り組んでいくことを通して，人は根本的に新たな自分へと変化していく可能性をもつこともある。すなわち自分では到底意味づけることができない，自分の根源を揺るがし絶対的に自分の前に立ちはだかる「それ」に対して，繰り返し問いかけ，その意味を問い直していくことを通して，それまではまったく予想もしなかったような新たな自分が生まれてくる可能性が開かれている。最近では，ポスト・トラウマティック・グロース（post traumatic growth；心的外傷後成長）という概念が提唱され，ト

ラウマがあったからこそ人格的にも成長できるという考え方もある。しかしながら，トラウマを人格成長のための手段として位置づけたり，トラウマの重さを受け止めないための合理化のためにこの概念が用いられたりしてはならない。心的外傷を得るような大きな出来事は，それを体験するよりしないですむほうがずっといい。しかし，それを受けてしまったという事実に真摯に取り組んでいくとき，気がついたときには，新たな自分が生まれていることがあるのである。そしてこの困難な過程には，ともに歩んでくれる他者が存在することが大きな助けとなることは，言うまでもない。

引用・参考文献

American Psychiatric Association (2000) *Quick Reference to the Diagnostic Criteria from DSM-IV-TR*.
(邦訳:高橋三郎他訳 (2003) DSM-IV-TR 精神疾患の分類と診断の手引. 医学書院)

American Psychiatric Association (2013) *Diagnostic and Statistical Manual of Mental Disorders, 5th Edition: DSM-5*.

Maslow, A.H. (1970) *Motivation and Personality* (2nd ed.). Harper and Row.
(邦訳:小口忠彦訳 (1987) 人間性の心理学-モチベーションとパーソナリティ (改訂新版). 産能大出版部.)

von Bertalanffy, L. (1968) *General System Theory: Foundations, Development, Applications*. George Braziller.
(邦訳:長野敬・太田邦昌訳 (1973)『一般システム理論』みすず書房.)

World Health Organization (1992) *The ICD-10 Classification of Mental and Behavioural Disorders: Clinical Descriptions and Diagnostic Guidelines*.
(邦訳:融道男他監訳 (2005) ICD-10 精神および行動の障害:臨床記述と診断ガイドライン. 医学書院.)

- 熱が出るのは風邪の症状である。しかし,熱という症状があるからといって,風邪という疾患に関わっているとは限らない。このように,症状と疾患とは区別されるということに留意して,それぞれの精神疾患の症状を整理してみよう。
- うつ状態が見られる精神疾患にはどのようなものがあるのか,調べてみよう。
- 人格のバランスや構造が崩れることが,新たな人格への変容のきっかけに,なぜなりうるかを考えてみよう。また,そのきっかけとなるための条件とはどのようなものであるか,考えてみよう。

11 | 人格の探求と文化

《目標＆ポイント》
・人格の概念は，社会的・歴史的な状況と関連し，その時代の人間観を反映したものであることを理解する。
・フロイトによって精神分析が開始された時代的・思想史的な背景を理解し，精神分析の人格理論に関する理解を深める。
・ユングの分析的心理学の成立の背景と基本的な考え方を知り，現代の文明に対するその批判的な意義を検討する。

《キーワード》 ヒステリー，精神分析，反復強迫，分析心理学，集合的無意識，元型

1. 精神分析のはじまり

（1） ヒステリーの形成

　無意識の発見は，ヒステリーの解明から始まる。ヒステリーという現象自体は，古代ギリシアの時代から知られているものであった。しかし，それがもっとも頻繁に観察され出したのは，産業革命以降のヨーロッパにおいてである。

　ヒステリーとは，器質的あるいは神経学的には正常なのに，運動神経や感覚神経，自律神経系の機能の失調が生じたり，意識の混濁や記憶の欠損などが生じたりする精神疾患であり，その症状は多彩である。ヒステリーは女性特有のものと考えられていたが，男性にも見られること

第11章　人格の探求と文化　│　**173**

が，後述するシャルコーの仕事によって明らかとなった。とはいえ，やはり女性に圧倒的に多く観察された。というのも，ヒステリーという症状の形成には，産業革命以降のヨーロッパの社会的状況や思想史的状況が大きく影響していたからである。

　産業革命以降，労働の場は家庭から分離し，男性は外へ主に工場労働に出かけ，商業市場も拡大したことで，仕事のために鉄道を使って他所へ出かけるという出張も増えてきた。あるいは，国民国家の形成とともに整備されていった軍隊に長期的に入ることとなった。一方，対照的に，女性は家に縛りつけられることとなった。

　当時，物理学ではエネルギー保存則が発見され，人々にインパクトを与えていた。閉鎖系においては，エネルギーの量は決まっており，それは消費されるにつれ次第に減衰していく。このメタファから，人間も一生のあいだに使えるエネルギー量は決まっているという俗説が広まっていった。性的行為がエネルギー消費の最たるもので，できるだけ性的なエネルギーは無駄遣いしないようにすることが主張された。自慰は厳しく禁止され，また生殖以外の快楽の性は厳しくいさめられた。フロイトがその日記を分析した「症例シュレーバー」の父親が考案した遺精防止のための体操は，軍隊の身体増強のための体操として採用され，日本にも入ってきて，現在でもラジオ体操にその名残をとどめている。

　性的エネルギーの浪費が表では戒められていたが，逆説的にこの時期には裏では買売春がかつてないほど盛んになった。男性は性を街角に求め，あるいはメイドをその対象とした。だが，こうした行為は，倫理的にも性的エネルギーの浪費という点でも，大きな罪悪感を生じさせることとなる。性病（梅毒）への恐怖が広まり，先天性梅毒にいったん罹ると，それは子に遺伝し末代までその恥をさらすことになると恐れられていた。

男性自身が自分に認めがたい性質は，女性のもつ性質として女性に投射された。そこから「男性らしさ」「女性らしさ」のステレオタイプが分化していくこととなる。このことが最もよくわかるのは，服装を見たときである。図11-1に見られるように，18世紀のロココ時代には，男性も女性と同じく装飾と色彩の多い服装をしていたが，19世紀のヴィーダーマイヤー時代には男性はモノトーンで活動的な服装に，女性はより華やかで装飾的で動きにくい服装となっていった。女性には，家庭的，情緒的，涙もろく感情の抑制がきかないといったような特性が女性特有のものとして付与され，対して男性は，社会的に活躍し，感情を抑制し，軍隊的なしかめ面といったようなものが，理想とされるようになったのである。

　ヒステリーの症状は，このような性的なステレオタイプと無関係ではない。身体が硬直したり意識が消失したりすると，受動的な介助を必要とする。また，感情の抑制ができない極端な情緒表現がヒステリーの典型的な症状とみなされたが，これは女性のステレオタイプイメージに関わる。

　ヒステリーの研究と治療に関する先行者は，フランスのシャルコー（Charcot, J. M.）である。彼はパリのサルペトリエール病院の院長となったときに，大きな病院改革をおこなった。サルペトリエール病院は，4000人の女性患者を抱える一大精神病院であり，それまでは精神病ばかりでなくありとあらゆる社会的逸脱者が収監されていた。シャルコーは，男性患者も入れるように制度を変えたり，患者の待遇の改善をおこなったりするとともに，ヒステリーをはじめ，多くの精神・身体疾患に関する記録と治療を始めた。当時の最新の技術であった写真を使用し，症状の時系列での推移が観察記録できるように，多数のカメラを並べた大規模な装置を考え出したりもした。シャルコーはヒステリーの治

第11章 人格の探求と文化 | 175

図11-1　ロココ時代（18世紀）（上）とヴィーダーマイヤー時代（19世紀末）（下）の服装の比較
（写真提供：ユニフォトプレス）

療にもっぱら催眠を用いていた。彼の講義は，フロイトもパリ留学時に聴講したように，大変な人気を博していた。シャルコーは自分好みの美しい女性患者を選び，大講堂で人々の前で催眠や匂いや音を使って，自在にヒステリーの症状を再現させたり変化させたりした。中でもシャルコーが気に入ったのは，オーグスティーヌという名の15歳の女性患者であった。シャルコーはヒステリー症状の記録写真を作るため，彼女にヒステリーのいくつもの症状を再演させたり，特別な衣装を着せさせたりして撮影していた。しかしやがてオーグスティーヌは，大きな本物のヒステリーの発作を起こした後，二度と症状を演じることができなくなってしまった。ある日彼女は，男性の格好をして病院から抜け出し，パリの街の中に消えたまま，行方がわからなくなったという。

（2） 初期のフロイト

　以上のようにヒステリーとは，最初から性的な色彩をともなうものであったといえよう。そのことは人々に意識されていたが，それを明確な形で示したのはフロイトの業績である。

　すでに第2章で述べたように，フロイトの仕事にはいくつもの点で，革新的な意義がある。催眠によって主体が眠ったところでカタルシス的な解放がもたらされるのではなく，患者が自分の無意識を，自由連想や夢の助けを借りて，意識化して語り，表象していくことに重きを置いた。こうして，患者の主体性と物語性が回復されたのである。また，真理の認識に至るには，臆見と誤謬を避け正しい判断を積み重ねていくのではなく，言い間違いや失錯行為に着目したり，あるいは荒唐無稽とされていた夢にとりくんだりすることで，人間の心真理の認識に至ることができるという手法を見出したコペルニクス的転回があった。

　フロイトは，人間の心を探究しモデル化していくに際して，心理学に

とどまらず当時の諸科学からいくつものヒントを得てきている。ここでは，その中でも考古学の影響に関して，述べてみたい。英国の考古学者J. トマス（Thomas, 2004）は，フロイトの精神分析に見られる発想とモデルを「深層／表層メタファ depth-surface metaphor」と呼んでいる。フロイトの局所論以降のモデルでは，心的システムには，意識的な表層と無意識的な深層という区別が設けられた。さらにその差異に発達的な順序が設けられ，表層（意識）は時間的に後に形成されたものであり，深層（無意識）は時間的により以前の古いものであると考えられている。そこでは，心の「深み」に降りていくことは，同時に発達史的な時間を遡っていくことであり，またそれは，個人の心の根源的な秘密を探ることなのである。

　このように，背後への探求を深みへの探求へ置き換え，かつそれが時間的な初期への探求だとする考え方は，まさに，考古学の発想と同じものである。考古学においては地層を下へ下へと掘り下げていくことで，人類史の古層へと時間を遡っていく。それは同時に Archaeology（アルケー（根源）の学＝考古学）という言葉が示すとおり，人間の「根源」へと近づくこととして仮定されているのである。実際フロイトが成長し思想を形成していった時期は，考古学の急速な発展がみられ，考古学者のシュリーマンによるトロイヤ遺跡の発見や，エヴァンズによるクノッソス宮殿遺跡の発掘など，重要な発見が相次いでいた。またフロイト自身，ギリシア，ローマ，エジプトの遺物の大変な蒐集家であったことはよく知られている。ここで指摘したいのは，精神分析が考古学からメタファを借用しているということではなく，両者ともに，深層＝過去＝根源という図式を使用すると同時に，その探求が自己認識や自己規定の方法となっているという点である。

　フロイトが精神分析を確立するのに影響を与えた，もうひとつの考え

方がある。フロイトは精神分析の仕事を，しばしば探偵の仕事にもなぞらえていたという。イタリアの歴史学者ギンズブルグ（Ginzburg, 1986）は，精神分析が誕生した時代に特徴的であった精神的態度を「徴候学的パラダイム：paradigma indiciário」と呼んでいる。これは，微細な徴候（部分）から，全体を読み解こうとする探求の指向のことである。たとえば絵画の真偽鑑定などにおいて，人物像の耳たぶのような，誰もが見過ごしてしまうごく小さな部分（インデクス）に，全体を貫き象徴する本質的意味を見出す探求の仕方である。こうした探求の方法は，フロイトも熱心な読者の一人であった探偵小説シャーロック・ホームズシリーズにおいて，普通の人なら見逃してしまう些細な痕跡や手がかりから，直観と推理によって犯人を見出すという手法に，典型的に表れている。精神分析的な解釈もこれと同じように，ちょっとした手がかりから，その背後に隠れた真実を探り当てるというものである。

　深層-表層メタファ，徴候学的パラダイムともに，人文科学ばかりでなく自然科学をも含む，20世紀初頭の精神的なひとつの大きなパラダイムである。表層に表れている諸々の現象から証拠をつみ重ねて，背後にあるものを探求する，そして背後にあるものは，より根源的でより本質的なものであり，その探求こそが真理の探求であるということである。これは，フロイトが精神分析を自然科学的な装いをもたせようとしていたことにも，つながるものである。

（3）　フロイトが向かっていた場所
　フロイトは後期には，死の欲動の理論を中心におき，文化や歴史の解明に向かう。これは，それまでの自然科学的なモデルとは大きく離れて，人間の心の解明へと向かうものであった。フロイトの理論は，1909年のクラーク大学での講演を通じてアメリカへ紹介された。アメリカで

第11章　人格の探求と文化　｜　**179**

は，精神分析が精神医学と強く結びつき，自然科学的な性質を強めることとなる。また自我心理学の影響から，自我の調整や統合の機能が重視され，適応ということがフロイトの意図以上に重視されることとなった。フロイトが本当に取り組もうとしていたのは，自我の機能にはけっして統合しきれない欲動とのつきあいかたであった。後期のフロイトでは，反復強迫という概念が重要となる。反復強迫は，人間が意識的に表象できず排除していた欲動が，繰り返し回帰してくるものである。本人が意識せずとも行動化して繰り返してしまうこと，運命であるかのように繰り返される出来事などである。

　反復強迫を理解するためには，抑圧と排除の違いについて知っておかねばならない。フロイト自身は明確に区別して使っているわけではないが，ラカンがその仕事を引き継いでから，両者は明確に区別された。ある心的表象が抑圧されるときは，自我はその意味をあらかじめ知っていることになる。意味がわかっていて不快であるからこそ，それは抑圧されるのである。これに対して，排除とは，それを象徴化したり意味を把握したりする前に，象徴づけられる体系から，外に締め出されてしまう事態である。こうした排除された無意識は，繰り返し回帰することとなる。たとえば統合失調症者がもつ幻影のように，あるいはトラウマの記憶のように，意味がわからないものとして，主体を脅かし続けるのである。主体はそれに対して，事後的に意味づけたり，あるいは何らかの儀式的な行動を繰り返すことはあるかもしれないが，その意味に関しては把握できないのである。こうした意味づけられないものが，繰り返し行動化され反復されるのである。

　反復強迫は，個人的な無意識ばかりでなく集団的な無意識と行為にも見出されるものであるという。フロイト最後の著作『モーゼと一神教』は，まさにその問題に取り組んだものである。この著作では，ユダヤ人

が抹殺し排除したモーゼの記憶が，ユダヤ人集団に回帰し，それがユダヤ教の典礼を形成しているのだというアイディアが述べられている。これは，『トーテムとタブー』というそれより前の著作において，絶対的で強力であった部族の原-父が殺害されることで，部族がもった罪悪感と恐れが繰り返し回帰し，成員をおびやかすと考えられたことを発展させたものである。『モーゼと一神教』は，第二次世界大戦の中，迫害されるという歴史を繰り返さなければならないユダヤ人の運命，そしてユダヤ人としての自分自身の運命を，フロイトが問いかけ探求しようとする凄味がある。

　このような運命への問いかけと探求とは，何かの徴候を探求しその背後を見つめて真理を暴いていこうとする態度とはもはや異なるものである。それは自分では意味もわからず到来する出来事に向かいあい，そこに必死に意味を見出していこうとする態度である。実際，後期フロイトの思想の始まりを示す『快感原則の彼岸』において，通常の神経症ではなく，外傷神経症といわれるトラウマに着目することとなる。第10章で既に見たように，トラウマにおいては，その体験は，自分には意味もわからず回帰してくる。それが主体にとって不快でしかないのに，自我は快感原則にしたがって避けるということはできず，夢やフラッシュバックとしてそれは繰り返し到来し驚愕とともに目が覚める。ここには探求というより，襲いかかる事態に必死で立ち向かう人間の姿が描かれている。

　こうした後期の思想は，科学的であろうとめざしていたフロイトの中期までの人格理論と比べ，難解で理解しがたいものであった。アメリカを経由して広まったフロイトの思想は，「適応」や「自我のコントロール」ということに重きを置く自我心理学の影響を受けたものであり，必ずしも適応や精神的健康ということに力点を置かない後期の考えは，受

け入れられにくかった。さらに，臨床事例を素材にするのではなく，歴史や文化を題材に人間について考察するものであったので，一般的に理解される心理学の範疇を超えたものであった。しかしながら，適応や精神的健康という安定を超えた人間の生きる意味を探求せざるをえない現在，あるいは自分では如何ともしがたい傷つきが私たちに降りかかる現在，後期のフロイトの思想は，新しい人間理解や人間の生き方への可能性のヒントを，私たちに与えてくれるであろう。

2. 分析心理学

（1） ユングの人格理論

　フロイトの思想の革新性をいちはやく認め，自分の社会的な立場に不利となることも厭わずにともに歩もうとしたのが，ユングであった。しかし，その後，ユングとフロイトは決別し，ユングは独自の途を歩むようになり，独自の思想展開を見せることになる。日本でもユングの分析心理学（Analytical Psychology）は広く知られ，臨床心理学に大きな影響を与えている。ユングがめざしたことに関して，概説しておきたい。

　ユングは，ドイツ語圏スイスの牧師の家に生まれた。移民としてやってきたユダヤ人のフロイトとは，社会的な位置づけは大きく異なり，何不自由なく出世街道を歩める位置にあった。しかし彼はフロイトの『夢判断』などの著作に意義を認め，フロイトに手紙を書いたところから，2人の親交が始まる。1907年のことである。翌年には，国際精神分析学会を立ち上げ，その初代会長としてユングが任命された。それまで精神分析は，ユダヤ人サークルの怪しげな非学術的な営みと見られていたが，ユングのようなプロテスタントで保守層の精神医学者がトップに立つことを示すことで，その正当性を印象づける意図もあったと思われる。

翌年ユングは，フロイトとフロイトの弟子フェレンツィとともにアメリカのクラーク大学の講演に招かれた。彼がおこなった，連想実験の業績が認められてのことである。この連想実験は，刺激語に対する反応語の遅れや再生の失敗などをもとに，個人の内的なコンプレックス（心の中の絡みあったひっかかり）の存在を，見事に示したものであった。ユングの自伝によると，フロイトとアメリカへの船旅をともにしたころには，両者の考え方の違いの溝が深まっていったようである。フロイトがユングの夢をもっぱら性的なこととエディプス葛藤とに関連づけ解釈しようとしていたこと，自説以外を認めようとしないフロイトの権威主義的な性格と衝突し出したこと，などが原因であるという。帰国後，ユングは『リビドーの変遷と象徴』を記し，フロイトの考え方からの決定的な離脱を表明する。そこでは，フロイトが自らの考えの根本的な前提としていた性的なリビドーを，心的エネルギーとしてもっと一般化して捉え，神話的なイメージや象徴的な表現を分析することで心を探究していくユング独自の方法論が示された。一方フロイトは，『精神分析運動の歴史』を記し，ユングを精神分析の主流から排除し非難した。

　フロイトと決別した後，ユングは方向性を失い精神的な危機に陥る。この時期は，ちょうど彼にとっても中年期の危機にあった。ほとんど統合失調症のような症状も呈していたようである。彼の歩んだすさまじい解体と再生の内的な道は，自分の中で展開していったイメージを絵画を交えて記していった『赤の書』に見ることができる（図11-2）。ユングは，世界破滅の夢を繰り返し見た後に，第一次世界大戦が勃発したこと，連想実験において，家族間（とりわけ母親と娘間）で非常に類似した反応がしばしば見られるということなどから，心のありようは個人的な無意識をこえて広がっていることを感じとり，集合的無意識あるいは普遍的無意識という発想に至った。

図11-2　ユングが対話を重ねたフィレモン像。老賢者の表象である。(ユング『赤の書』より。)（写真提供：ユニフォトプレス）

（2）　分析心理学の基本概念

　精神的危機の中での自己分析を経て，ユングはどのような考えに至ったのであろうか。
　まず，同じ無意識や自我という言葉を使用しながらも，その人格理論はフロイトのものと幾分異なっている。フロイトにとって自我は，無意識的部分を多く含み，あくまでもエスと連続するものであった。これに対してユングの思想では，自我とは人格の統制部分としてのニュアンスを強くもち，あくまでも意識的なものとして捉えられ，無意識に対置される。自我の捉え方，意識と無意識の対比などは，フロイトの人格理論に比して単純化されているように見えるが，それは，ユングがあくまでも無意識の側に視点を置いていたからであるといえよう。ユングによって，無意識は，それ自体で構造をもつ非常に豊かな内容が付与されるこ

ととなった。これは，ユングの理論のもととなっている臨床上の経験が，若い頃にブルクヘルツリ病院で統合失調症の患者を相手にしたものであったことによるといわれる。神経症の場合，症状は意識と無意識との妥協形成として考えられる。これに対して統合失調症の場合，そのような葛藤はなく，無意識的なものがそのまま表れてくるが，それは決して単なる混沌ではなく一定のパターンと法則性があることをユングは直観していたのである。

　この法則性は元型（アーキタイプ）と呼ばれる。元型自体を私たちは捉えることはできないが，それが具体的にイメージ化され表象された元型的表象を通じて，私たちはそれを知ることができる。たとえば元型のひとつとして，グレートマザー（太母元型）と呼ばれるものである。ユングよりも少し前，歴史学者のバハオーフェンは，母権制社会が父権的な社会に先行し，その深層に埋もれていることを見出していた。ユングは，その仕事を受け，人間の意識の深層にも母権的なものが存在することを見出した。農耕社会において，大地は母なるものである。生命はそこから生まれ，育まれ，死すればそこへ還っていく。やがて，その土からは，新たな生命が生まれる。このような繰り返される円環的な時間は，いのちの根本にあるが，これこそがグレートマザーの存在である。

　やがてさまざまな意識の機能が分化してくると，そこには，次のような元型が見出される。すなわち，切断したり否定したりすることで混沌としていたものを分化させていく男性的でロゴス的な原理のアニムス，ここになき世界に憧れ出でて結びつきへと誘う女性的原理であるアニマ，異なるものを結合したり新たな意味づけをもたらしてくれる道化的なトリックスターなどである。これらは，ユングの精神病院や自分のオフィスでの分析などの臨床経験のほか，自己分析や民話や神話の分析から導き出したものである。民話や神話は，文明化される以前の人々の古

代的な意識のパターンが表現されており，また口承として語り伝えられていくうちに，人々の心のありようの法則とでもいうべきものが反映されていったものである。ユングはさらに，自己分析を続けていくうちに，知情意が統合され叡知を体現した老賢者(図11-2)，あらゆる対立物(分化)が統合されたセルフ（自己）などの元型を仮定するに至った。

（3） ユングがめざしたもの

このような仕事でユングがめざそうとしたものは何であろうか。フロイトの仕事がその最晩年に文明論へと向かったように，ユングの仕事もまた文明の分析へと向かった。ユングは，文明社会の中での人間の悲惨さというものに目を向けることとなる。

ユングは，亡くなるまでのあいだに，世界の各地を旅した。その中で彼は，現代人が失ったものへと気づくことになる。有名な逸話は，彼がアメリカの先住民プエブロインディアンの文化と触れたときのことである。昇ってくる太陽を部族の長が欠かさず拝んでいる。彼は言う「もし自分が崇拝することをやめたならば，やがて太陽は昇らなくなってしまうであろう」と。その部族長の眼には，ヨーロッパ人がもたぬ威厳と確信があった。文明人は，彼が拝むことをやめたからといって，太陽が昇らなくなるというのは，非合理的な信念であることを知っている。しかし，その老人は，確たる信念と世界観に結びついているからこそ，そのように威厳があるのであった。

ユングが一貫してめざしていたものは，人間の中の太古的なるものの再発見であった。ユングの考えは，たしかにある意味で20世紀初頭のヨーロッパの文明的特徴を色濃くもっている。たとえば，人間の根源的な姿を古代ばかりでなく「未開」の中に求めるという手法は，当時の文化人類学と同じく，異文化や他者をヨーロッパ文化の自己同一性の中に回

収してしまっている。また，アニムス，アニマという元型の表象は，それぞれ当時のジェンダー観を色濃く反映している。

　ユングは晩年には，共時性（シンクロニシティ）という考え方に至ることになる。これは，近代科学の硬直した世界観の代替となる世界観の呈示である。近代科学の世界観では，事象の生起は，ある事象とそれに後続する事象との結びつきという因果性にもとづいて描かれる。これに対して共時性とは，因果連鎖として関連のないものが，どう考えても偶然の一致とは思えないような必然的な仕方で共起あるいは継起するという現象に働いていると考えられる原理である。ユングは，心という現象はそうしたさまざまな事象の縁起する中にあるものだと考えた。共時性に関しては，ユングの伝記の作者アンソニー・ストーなどは，「混乱していてほとんど意味がない」と言っているが，世界や自然との私たちの別の関係の仕方を，あるいは近代的な世界観の影響を大きく受けた意識のあり方とは別のあり方を呈示しているという点で，これからさらに真剣に取り組まれていくべきテーマであろう。

引用・参考文献

Freud, S.（1939）*Der Mann Moses und die monotheistische Religion*.
　（邦訳：渡辺哲夫訳（2003）モーセと一神教．ちくま学芸文庫．）
フロイト著，竹田青嗣編，中山元訳（1996）自我論集．ちくま学芸文庫．
Ginzburg, C.（1986）Miti, Emblemi e spiei. *Morfologia e Storia*. Einaudi.
　（邦訳：竹山博英訳（1988）神話・寓意・徴候．せりか書房．）
Jung, C.G.（1952）*Wandlungen und Symbole der Libido*. Rascher Verlag,
　（邦訳：野村美紀子訳（1992）変容の象徴―精神分裂病の前駆症状〈上・下〉．ち

くま学芸文庫.)
Storr, A.（1973）*Jung*. William Collins Sons & Co.Ltd.
　（邦訳：河合隼雄訳（1990）ユング．岩波書店．）
Thomas, J.（2004）*Archaeology and Modernity*. Routledge.
ユング著，ソヌ・シャムダサーニ編集，河合俊雄監訳（2011）　赤の書—The "Red Book". 創元社.

- フロイトの思想，ユングの思想に，当時の社会的背景がどのように影響しているか，自分なりに考えてみよう．
- フロイトとユングの，「意識」「無意識」という用語の意味するところの違いに関して，整理してみよう．
- フロイトやユングの思想を，彼らと同時代の文学者や芸術家の思想と比較してみて，その共通点を見出してみよう．そこでは，人間の意識によって捉えられないものがどのように表象されているか，また，古代や異文化への憧れがどのような影響を与えているかを考えてみよう．

12 | 人格の変容と心理療法

《目標＆ポイント》
・傷ついた人格の治癒や人格の成長といった，人格の変容に関連する技法である，心理療法とカウンセリングの基礎について理解する。
・さまざまに工夫されている，心理療法やカウンセリングの方法を知る。
《キーワード》 カウンセリング，心理療法，表現療法，遊戯療法

1．カウンセリングの理論

（1） カウンセリングと心理療法

　何かに行き詰まって自分自身では解決の途が見出せないとき，自分自身の中に消化しきれないような感情があるとき，誰かに話を聞いてもらうと，すっきりしたり考えがまとまったりすることがある。他人に話すことで解決の途をさがすという営みは，多くの人が日常的におこなっていることである。カウンセリングは，このような人間の本質的な営みにおける治癒の力を，さらに専門的に発展させた技法である。

　カウンセリングはもともと，アメリカで教育分野において始まったものである。個人個人の個別的特徴に合わせて適切なアドバイスをして導いていくガイダンス（そしてさらに遡れば骨相学）にその起源がある。20世紀初めには，世界恐慌や第一次世界大戦に関連した社会不安が高まる中で，教育の分野においても精神疾患の治療も含めなければ対処できない問題も多く見られるようになり，カウンセリングは精神科治療（と

りわけ当時のアメリカの精神分析）とも結びつき，そのモデルも採り入れてきた。

　カウンセリングとしばしば同義もしくは類縁的に使用される用語に，心理療法（精神療法）という言葉がある。心理療法とは，もともとは医療分野において，さまざまな精神疾患を心理的アプローチによって治療する技法の総称である。カウンセリングは，教育分野から派生し，個人の自己成長や自己開発をめざすものであり，かならずしも精神疾患を対象にするものではない。これに対して心理療法は，神経症をはじめとする明確な精神疾患や，より重篤な事例を対象とし，人格の成長というより治療を目的とするものであるといわれている。このようにカウンセリングと心理療法とを区別する立場もあるが，日本においては，カウンセリングと心理療法とは分かちがたく結びつき，それらを厳密に区別するのは難しいのが実情である。というのも，心理療法においても，単なる疾患という個人に生じたマイナスや欠損を治療するだけではなく，そのことをきっかけにして個人が自己実現をめざすということも，十分に意識されているからである。

　本稿ではこうした慣例にならい，カウンセリングと心理療法とを明確に区別することなく，いずれも何らかの心理的テーマに取り組もうとする人々を支援する技法群として，包括的に考えていきたい。すなわち両者のニュアンスの違いをふまえつつも，それらの共通の基盤や目標ということに着目して論を進めたい。というのは，精神疾患であっても，それはその人がその人らしく生きるための何らかのメッセージを含んでおり，成長の契機となると考えられるからである。また，いかなる心理療法であれ，カウンセリングで強調されるような人間関係がその基盤にあるからである。一般にはカウンセリングという語のほうがなじみがあるので，以下，カウンセリングを代表として論じるが，心理療法も合意さ

れていると理解しておいていただきたい。

（2）　ロジャーズの理論

　カウンセリングを大きく発展させたのは，アメリカのカール・ロジャーズ（Rogers, C. R.）である。現在の私たちのカウンセリングの基本的な態度や考え方は，彼の提唱した「来談者中心療法」に負うところが多い。

　ロジャーズの考えの前提は，人は誰でも内的に成長していこうとする力をもっているということである。その力を開花させるためにロジャーズは，まず傾聴ということの重要さを指摘した。セラピストがしっかりと共感して傾聴することで，クライエントは自己治癒と自己成長の力によって，自然と問題の解決に至るというのである。彼のこの理論をもっともよく説明するのは，ロジャーズの３原則と呼ばれるものである。３原則は，自己一致，共感的理解，無条件の肯定からなる。

　第一原則である自己一致とは，「ありのままの自分」と「自分の自己表象（自分に対するイメージ）」とが一致しているということである。クライエントの苦しみの原因のひとつは，ありのままの自分である現実自己と，自己表象としての理想自己が不一致であることにある。すなわち，自己表象が自分の現実の姿と齟齬があると，現実の自分はいつも否定され危機にさらされるのである。カウンセリングにおいては，この２つの自己のあいだの一致は，まずもってセラピスト自身が実現しておく必要がある。この２つの自己のあいだのズレがあると，クライエントが語ることにセラピスト自身の認知的な歪みが持ち込まれてしまい，適切に共感することができなくなるからである。しかもこの自己一致とは，固定的なものではなく，クライエントの話を聴きながら一刻一刻変わっていくものである。「自分自身が本当に感じていること」と「自分自身

が感じていると思っていること」の間に，あるいは自分の心に浮かんでくることとそれを把握している自分との間に，ズレを生じさせないようにし続けることが大切であるといわれる。

第二原則の共感的理解とは，クライエントが認知している主観的世界の枠組み（スキーマ）の内側から，感情や思考，苦悩を理解しようとする態度のことである。クライエントが語ったり表出したりすることをセラピスト自身の立場（枠組み）から理解するのではなく，クライエントがもっている価値観や世界観といった認識の枠組みに立って想像力を働かせて，その心情を理解することである。人は単に自分が表現したことを理解してもらうだけでなく，それらの基盤となっている自分の考え方や価値観といった内的枠組みを理解してもらうときにこそ，他者から肯定されていると感じ，それが自己肯定感につながっていく。そして，これまで自分で感じることを抵抗していた，ありのままの心のプロセスを感じとることに開かれていくというのである。

第三原則の無条件の肯定とは，クライエントが表出することやその背後にある枠組みに対して，良いとか悪いとかいった価値判断をしたり，自分の意にそぐわないことには反応しないというようなことをせず，分け隔てなく関心を向け，クライエントのありのままの率直な感情や経験を無条件に温かく受容することである。クライエントが自分の話したい問題や感情，テーマを自由に安心して話すことができる面接場面の雰囲気を準備することであると言ってもよい。こうしてありのままのクライエントを尊重する態度を示してこそ，クライエントの自己一致は促進されるというのである。

このようにカウンセリングにおいては，セラピストはクライエントの心を映し出す鏡のような役割をとる。すなわち，クライエントのありのままの自己が感じ考えていることを，クライエント自身が捉えることが

できるように，クライエントの表出や表現を映し返していくのである。そうすることでクライエントは，自分自身の動機や感覚に気づく。また，そうしたありのままの自己の表出がカウンセラーに受け入れられていると感じることを介して，自分自身でもそれらを受け入れることができるようになっていくというのである。

2. カウンセリングの経過

（1） カウンセリングへの導入

専門のセラピストのもとを訪れたら，クライエントは通常まず「インテイク面接（受理面接）」と呼ばれるものを受ける。その後に展開していくセッションとは異なり，この回では，来談の経緯や相談したいこと，相談したいことをめぐるこれまでの経緯，家族や重要な他者との関係などが尋ねられるであろう。場合によっては，いくつかの心理検査がおこなわれることもある。また受理面接は1回だけでなく，数回設定されることもある。

相談したいことは，「主訴」と呼ばれる。それは本人がカウンセリングに来ることになった契機であり，まずセラピストはそれを丹念に聴くであろう。しかしながら，主訴は本人が本当に相談したいこととは異なる場合がある。たとえば，娘夫婦との不仲について相談したいということが主訴でも，話を聴いていると，次世代を信頼して家を譲り渡していくという，自分自身の人生を閉じていく準備をすることが本当のテーマになっていることもある。あるいは，他人が怖いという主訴の場合にも，自分に対して厳しく抑圧的であった父親との和解が大きなテーマとなっている場合もある。このように，本人が意識している主訴には，もっと根源的なテーマが変形されて出てきていることも多い。しかし，カウン

セリングでは，語られる主訴を本来的でないと否定したり，その背後に隠された何かを即座に暴き出したりするのではない。主訴はあくまでも，本人の自我の努力も含めてさまざまな事情や状況の中で，最大限に努力して形成されたものであり，貴重なものである。主訴を尊重し，それを傾聴していくことからすべては始まる。

　さて，主訴やこれまでの経緯を聴きながら，そしてそれをまさに今ここで語っているクライエントの心を感じ取りながらセラピストは，「見立て」をおこなう。見立てとは，クライエントの主訴，あるいはその前提となっている問題やテーマが，なぜどのように形成されてきたのか仮説を立て，どんな態度，方法論，技法で会うことが適切であるかを見極め，カウンセリングが展開するうえでの注意点等に関しても，予測を立てることである。見立ては，医学でいえば診断に相当するものであるが，診断とはいくつかの重要な点で異なる。医学の診断においては，ひとつの診断が与えられれば原理的には治療は誰がおこなっても同じ結果となるように工夫されている。どこかの大学病院で下された診断は，県立病院でも同じように有効であり，治療法も診断に対応して決定されることとなる。それに対してカウンセリングにおける見立ては，当のセラピスト自身がそのクライエントに会っていくときの心構えや留意点などと関連させて考えられるため，見立てはそれをおこなう人によって異なってくることもある。そのため，主観的で客観性がないように批判されることもある。

　しかし，このことは，カウンセリングが人間が人間に対して関わっていく技法であり，人は誰一人として同じではない個別性をもつがゆえに，必然的に生じてくる性質なのである。たとえば，私たちが誰か初対面の人物に会ったときに，誰にとっても同じ情報となるようにその人を数値化したり，カテゴリーの中からラベルを貼りつけることでその人を

記述したりするわけではない。その人の印象であるとか，自分が言った
ことに対する応答であるとか，自分が関わったことを含めて，その人の
像を心に結び，それを手がかりに次回も会っていくはずである。また，
こうした相手の姿とは，私が描いたものと他の人が描いたもとでは，同
じ人を対象にしていながらも異なっているはずである。さらに，こうし
て形成されたその人に対する像は，出会いを重ねていく中で，少しずつ
豊かになりあるいは変容していくであろう。見立ての中にも，こうした
人と人とが出会うことの根本となる関わりが生きているのである。

（2）　カウンセリングにおける枠

　日本では，カウンセリングは毎週１回50分おこなわれるのが，標準と
なっている。ただし，オーソドックスな精神分析では週に４回が標準と
され，学派や技法によっても頻度や時間に関しては，議論や差異がある
ところである。ここでは一応，週に１回50分というセッティングでおこ
なわれることの意味について考察してみたい。
　毎週１回50分の面接は，原則として同じ曜日の同じ時間に同じ場所で
おこなわれる。セラピストは決められた面接室以外の場所ではクライエ
ントと会うことはなく，また，電話やメールなどでの時間外での応答も
しないのが原則である。こうした制限は，リミットセッティング，ある
いは治療枠と呼ばれている。この制約はクライエントにとってはあまり
にも厳しく感じられることもあり，実際しばしばこの治療枠の意味につ
いて，セラピストは問いかけられることもある。通常の人間関係なら
ば，つらいときや助けを求めたときには，相手はできる限り応答し助け
てくれようとするであろう。しかし，カウンセリングでは，セラピスト
は決められた時間に決められた場所でしか会ってくれない。実際，困っ
たときにはいつでも電話をとってアドバイスをしてくれたり，面接の時

間を延長して対応してくれたりすることのほうが，情け深く「人助け」としては正しく親切であるように思えるかもしれない。

　しかし，カウンセリングの目的を考えてみると，そのような対応はかえってクライエントにマイナスの影響を与えてしまいかねない。というのも，カウンセリングの最終の目的は，クライエントが自分自身の力で問題を解決していけるようになることであり，セラピストから自立していくことだからである。カウンセリングの過程の中では，セラピストが相当な部分，クライエントを助け支えることが必要となる局面があるかもしれない。しかし，最終的には自立につながるよう，支援の方法が工夫される。もし，クライエントがいつでも助けを求めてきたときにセラピストが対応していては，結局はクライエントのセラピストに対する依存を助長し，クライエントが自らで取り組んでいく貴重な力を損ねてしまうことになってしまう。カウンセリングが，1週間のうち50分という時間に限られるからこそ，残りの時間をクライエントは，自分で取り組み考えようとする。また，セラピストに向けて実際に対面して直接語るのでなくとも，心の中でセラピストの応答をシミュレーションしながら，自問自答することもある（第9章参照）。こうした自分自身を対象とし自分自身に語りかける省察が丹念に積み重なっていく中でこそ，自助の力は育っていくのである。

　こうした時間に関するリミットセッティングばかりでなく，カウンセリングには他にもいくつかの制約がある。何もかも破壊したいような衝動があっても，面接室の中のものは破壊することは許されない。セラピストに強い愛着の感情をもったとしても，直接的に触れることは許されない。カウンセリングの場は，心が解放される自由な場というよりも，通常の人間関係よりむしろ制約が多い中で，自分でもコントロールが難しいような心の深い部分の葛藤や衝動を扱っていかねばならない場であ

る。しかしながら，限られた枠という不自由さがあるからこそ，原初的なイメージや衝動が直接的に混沌としたまま表出されたり直接的に充足されたりするのではなく，それらに向かいあいその意味を考えていくことが可能となる。また制約がある中で，ある意味で廻り道をして表現されるからこそ，それらは表象化され象徴となっていくのである。

（3）　カウンセリングの実例を通した経過

　実際にカウンセリングは，どのような点に留意し，どのような展開となるのか，ひとつの事例を挙げてたどってみよう。カウンセリングをおこなっている精神科クリニックにやって来た男性の事例である。

【事例】

　クライエントは，ここではＡと呼ぼう。来談時24歳であった。医師の診察時には，他人からじろじろ見られるのが嫌で外に出て行けないということが，主訴として語られた。見立てをさらに詳しくおこなうため，臨床心理士（セラピスト）との面接が設定された。待合室に迎えに行ったとき，Ａは母親とぴったり身を寄せ合うように座っているのが印象的であった。Ａのみがセラピストとともに面接室に入室。緊張した様子はあまり見られないが，視線は遠くを見つめるように，ぼーっとしている。質問には，テンポがゆっくりで，抑揚なく答えていく。応答は的外れではないがひどく受動的な印象を受ける。他人からじろじろ見られるということに関して聞いてみると，電車の中などで自分の便が漏れて臭っているのではないかと気になる（実際には漏れていない）ということであった。Ａの印象や訴えの内容からは，統合失調症の可能性も否定できなかったので，アセスメントのため臨床描画法のひとつであるバウム法（第3章参照）を施行した。その結果，小さいながらもしっかりとした幹と適切に分化した枝などの諸指標から，人格の水準はしっかりして

いることが見てとれたため，週1回，50分のカウンセリング（心理療法）の適用となる。

　一般的にカウンセリングは，導入期，展開期，収束期，終結に分けられる。それぞれの時期がどのくらい続くかは，事例によってさまざまである。こうした明確な時期の区分が存在しない場合もある。また，セラピストの力量，クライエント側の事情などから，治療が終結せずに半ばで関係が途切れ中断してしまう場合もある。これから挙げるAの事例展開は，事例をもとにしながらも標準化されたものであり，実際にはもっと複雑でニュアンスに富んだ経過をたどるものであることを，まずは断っておきたい。

・導入期：主訴が明確になったり，主訴の背後にある問題・テーマが明らかとなったりして，セラピストとクライエントがともに協力してカウンセリング（心理療法）をおこなっていこうという，認識が形成される。

　Aの場合は，便が漏れて他人に臭うという訴えは，数回の面接のうちに，他人から自分のちっぽけさが見透かされるのが怖い，という訴えに変わっていった。すなわち，漏れた便の臭いが伝わってしまうということに象徴されていた，対人恐怖やその背後にある切実な自己卑小感などに重点が移行し，それに取り組むことが重要なテーマであることが確認された。このように，当初の主訴の意味を互いに読み解き，心理学的なテーマとして再認識し，カウンセリングによって解決が見込まれるという認識が形成される。

・展開期：主訴や症状をめぐっての語りが展開し，そのような症状の形成に至るようになった原因や意味などが探求され，症状はそれまでの人生史と結びつけられたり，これからの自分の生き方のテーマとして積極的に引き受けられたりする。同時に，セラピストに対して転移

（transference）が生じ，それを通して自分の人格を再構成していく。

　Aはやがて，自分が卑小感を徹底的にもってしまうきっかけとなったエピソードを語った。大学卒業時の共同研究のときに，グループメンバーの足手まといとなっていたAは，リーダー的役割を担っていた学生から罵倒された夜，靴も履かずに発作的に家を飛び出し，警察に保護された。それ以来，人がたまらなく怖くなったという。しかし，そのようなエピソードに至るまでにも，潜在的背景があった。Aの語りは，母親と離婚した父親の話へと向かっていった。父親は社会的に成功した人物で，外で女性をつくり，家に帰ってこないこともしばしばであった。母親はよく声を殺して泣いていた。一人息子のAは，そうした母親を支えなければと思い，父親には反感と敵意をもっていたという。やがてAは，父親が母親に暴力を振るっていたのに父親が怖くて母親を助けられなかったこと，自分も幼いころ暴力を振るわれて怖かったことなどを語った。このように，卑小感や人の怖さということの背後に，父親との関係があることが次第にわかってきた。

　この頃からAは，セラピストに対して，親密さと同時に敵意を向けてくるようになる。「自分のことをわかってくれるのは先生だけだ」「ここに来るとホッとする」と言いつつも，「先生は僕のことを本当は軽蔑しているでしょう」と問い詰めたり，「先生は冷たい」と非難することもあった。これは，父親に対する親密さや認められたいという気持ちがあると同時に，拒否し反感をもつというアンビバレントな気持ちを，セラピストに向けているようであった。このように，自分にとって重要な他者へ向けられていた感情が，セラピストとの間に移し変えられ体験されることを「転移」という。この過程を通して，次第にAは彼の父親に対して感じていた気持ちや思いに気づくようになっていった。この頃は同時に，家では母親に対して反抗的でトゲトゲしい態度をとるようになっ

たが，これはＡが母親との強い結びつきから自立していこうとする動きであるとも捉えられた。興味深いのは，この頃から，外に出るときの人に対する怖さというものは，あまり感じなくなっていたということである。Ａが自分のテーマをカウンセリングの場でしっかりと心の作業としておこなうことで，それは外の現実生活には影響しなくなったのだといえる。

・収束期：自分の現在のテーマに対して新しい気づきが生まれたり，新しい意味づけが形成されたりする。それに伴い症状自体は収まってくる。新しい意味づけのもとで，生活が組み直されたりすることもある。

あるときからＡは，境内の雰囲気が気に入ってしばしば足を運んでいたお寺の住職と懇意になり，その住職をまるで父親のように慕うようになった。掃除を手伝ったり，誘われて座禅を組んだりする中で，落ち着きを得ていくようであった。その宗派の開祖の本を熱心に読んだりもした。それらはまさに，Ａの中に彼を精神的に支え守ってくれる新しい父親像を取り入れ，それとの関係を作りあげていくことのように思われた。また，体を鍛えるためスポーツジムに通いはじめ，日に日にたくましくなっていった。このように，自己の能動感というものを確実に得ていくとともに，新しい人間関係が広がっていった。

・終結：主訴は解消し，また，カウンセリングの過程で発見された潜在的なテーマに関しても一定程度の達成を得た感じをもつ。カウンセリングに通うことよりも，別の事柄に対してエネルギーを向け始めたり，自分自身でやってみようという感じをもつようになり，セラピストとクライエント双方の了解のもとカウンセリングが終了する。

ある日Ａは，１週間の一人旅を計画して出かける。その中で自分のこれまでの人生史を改めて振り返り，また母親に対する感謝の言葉を記し

た手紙を旅先から母親に出した。旅から帰ってきたＡは，実に晴れ晴れした様子であり，一段と精神的にもたくましくなったように見えた。Ａは，ほどなく就職先を見つけた。そこで十全に自分の能力を発揮し，良好な人間関係を築いていることを，セラピストとＡの双方で確認し，カウンセリングは終結となった。

　この事例は，半年という比較的短い期間で終結したが，それはＡの潜在的な力によるところが大きかったといえよう。本人が抱えている問題やテーマがさらに深く重篤なものである場合には，さらに長い期間がかかり，かつカウンセリングの過程も波瀾に富んだものになりうる。

3. 非言語療法

（1）　表現療法

　ここまで述べてきたカウンセリングは，主に言語を介しておこなわれるものであった。しかし，無意識的な内容はしばしば言語化が難しいことがあり，また年少の子どもの場合，言語を介して心理療法をおこなうことが困難である。そのようなときには，言語ではなく絵画や創作，音楽などを用いておこなう表現療法（芸術療法）が用いられる。

・箱庭療法

　箱庭療法は，52cm×72cm×7cm の内側を水色に塗られた浅い木箱の中に，細かい砂がはいっている「砂箱」と，人形フィギュア，家や木などのさまざまなアイテムのミニチュアを使用して，心の赴くままに制作をおこなうものである。砂箱は軽く両手を広げたぐらいの大きさで，前に立ったときちょうど全体が視界におさまる。砂を掘ると木箱の水色が見えるので，水が出てきたような感じになる。ここに，人，動物，植物，家，乗物などのミニチュア（玩具）を配置していくのであるが，そ

の際，特にテーマは指定しない。「なんでも思うままに作ってください」という自由度の高い指示が与えられる。箱庭療法は，もともとは英国のローエンフェルトが使用していた技法を，スイスのユング派女性分析家カルフ（Kalff, D.M.）が発展させたものである。日本では，河合隼雄が日本人の心性と表現のあり方にぴったりくるという直観のもとに導入し，日本的な翻案を加えて以来，広く使用されるようになった。

・絵画療法

絵画療法は，名前のとおり絵を使用した表現療法一般をさす。自由絵画法と課題絵画法に分けられる。自由絵画法は，描きたいものを自由に描いて表現するものであり，クライエントの内的なイメージが表現され，また表現することでイメージに変容が生じることが期待される。課題絵画法とは，特定のテーマを指定して描いてもらうものである。自由絵画法ではその自由度の高さが，かえって表現するのを難しくしてしまう場合があるが，課題絵画法では，特定のテーマが支えとなって表現しやすくなる場合もある。課題絵画法として代表的なものに風景構成法（第3章，第7章を参照）やバウム法（第3章）がある。これらは，心理アセスメントとしても使用されているのは，第3章で述べたとおりである。

ほかにも，スクィグル（なぐりがき法）と呼ばれる技法も，よく用いられる。これにはいくつかの変法があるが，基本となるのは次のような手続きである。セラピストとクライエントのうちどちらか一方が，不定形のなぐり描きの線描をおこない，他方がそこに何が見えるか投影をおこない，形をなぞったり彩色したりして，見えたものを浮かび上がらせる。これを，役割を交代して交互におこなうのである。スクィグルでは，相手に対して少し意地悪をしてみること，ひねりを加えること，偶然性が高い要素から何かを発見していくことなどを通して，遊び的な自

由な発想が展開していく。

・その他の表現療法

　その他，日本の心理臨床でよく用いられるものには，コラージュ法がある。コラージュとは，フランス語で異なる素材を切り貼りして作品を仕上げる技法のことをいう。写真や雑誌，新聞が広まって以降，特にキュビズムの画家たちが好んで用いていた。心理療法の技法として用いられるときには，雑誌等を切り抜いて，画用紙等の台紙の上に貼りつけていくものである。施行が比較的容易なうえ，適用対象年齢も広いので，近年よく用いられている。また，粘土による表現が用いられる場合もある。粘土の場合は，粘土が柔らかく温かくなるまでこねて，それをもとに形作っていく。触覚的な要素が強く，形にしたり言語化したりするのが難しいものを表現するのに適している。

・音楽療法

　音あるいは音楽は，私たちの感情・情動の状態に深く関連している。嘆きのため息，歓声などは，言葉というより音であり，それによってこそ言葉にならない感情や心の状態が表現できる。また，悲しい音楽，楽しい音楽，勇ましい音楽など，音楽を聴くことによって私たちは悲しみに浸ったり，気持ちが晴れやかになったり，勇気を得たりすることがあるように，特定の心理状態が誘導される。このように，音あるいは音楽は，私たちの心の表現であり，心の状態を作り出す効果がある。こうした音（音楽）の機能を使用するのが，音楽療法である。

　音楽療法の形は多様であり，①心身のリズムを整えるために音楽を聴いたり，音楽に合せて歌ったりするもの，②自らの感情を音楽で自由に表現していくもの，③クライエントの動きに合せて，セラピストが即興で音楽を演奏し，それによってクライエントの感情や行動を調律して自由度を高めていく方法などがある。

第12章　人格の変容と心理療法 **203**

　以上のように表現療法には様々なものがあるが，どれを用いるかは，クライエントとの相性，あるいはクライエントにとってどの方法が安心して表現する糸口になりうるかという個人差の他に，それぞれの表現療法がもっている特徴が考慮される。表現療法はたしかに言葉より自由度が高く多様な表現が可能ではあるが，それぞれが一定の制約と特徴をもっている。たとえば，箱庭療法で使用するミニチュアは3次元（立体）であり，それを破壊したり変形したりして使用することは許されず，その対象を配置するところから，意味世界を作り出していく。これに対して，コラージュ法では，使用する写真は2次元であり，それを切り抜いたり切り刻んだりするという対象への加工をおこない，またそれを2次元的な平面に配置していく。このように，表現療法においては使用される素材にしたがって，どのような表現上の制約があるのか，どのような表現がしやすいのか，また表現者が素材に対してどのような関わりをおこなうことができるのか，どのような努力が表現者には必要となり，また，どのような点を素材が助けていくのか，といったことを考慮することで，それぞれの表現療法の特徴と適用範囲を知ることができる。

（2）　遊戯療法

　遊戯療法（プレイセラピー）は，言語的な表現の困難な子どもに対しておこなわれる。適用年齢は，おおむね見立て遊びやごっこ遊びなどの，象徴的な表現が可能となる3歳以降である。しかし，それ以前の年齢段階においても，基本的な母子関係上の関わりを意識的に再現し心の発達を促すような技法もあり，幅広い年齢の子どもを対象として広く用いられている。

　遊戯療法は，ウィーンの精神分析家フック-ヘルムート（Hug-Hellmuth, H.）が子どもの問題行動の治療に遊びを取り入れたところから始

まる。彼女は自宅に子どもを招き，そこでの遊びの観察を通して子どもの内的な世界を見通し介入をおこなっていた。遊戯療法は，1920年代から1930年代にかけて，アンナ・フロイト（Freud, A.）やメラニー・クライン（Klein, M.）において，精神分析が心的発達理論と結びついたときに大きく発展した。

　遊戯療法を現在のような形にするうえで大きな貢献をしたのは，アクスライン（Axline, V.M.）である。彼女はロジャーズの弟子で来談者中心療法の発想を子どもに適用した。アクスラインによる遊戯療法のための８つの原理とは，①治療者は子どもと温かく優しい関係を作る，②子どもをありのままに受け入れる，③子どもとの関係に自由な雰囲気を作り感情を自由に表現できるようにする，④子どもの感情をいち早く読みとって子どもに示し，子どもが自分の行動の意味を洞察しやすいようにする，⑤子どもが自分の問題を解決し成長してゆく能力をもっていることに自信と責任をもたせる，⑥子どものすることや言う事に口出しをせず自己治癒力を信頼する，⑦治療はゆっくりしたものであるため早めようとはしない，⑧子どもが現実から遊離しないように必要最低限の制限を加えること，である。こうした原則のもとで，子どもは自己を表出し心的な作業をセラピストとおこなうことができると考えられている。

　遊戯療法には，意識的な操作が入りにくいがゆえに非常に深い心の世界が表現されることがある。このように言語的な表現ではなく，別の形での表現を通してもセラピストとの相互作用が可能となり，セラピーが展開していくのである。

引用・参考文献

Axline, V.M.（1969）*Play Therapy*（*revised edition*）．Ballantine Books.
　（邦訳：小林治夫訳（1972）遊戯療法（心身障害双書）．岩崎学術出版.
東山紘久（1982）遊戯療法の世界―子どもの内的世界を読む．創元社.
Hug-Hellmuth, H.（1921）On the technique of child-analysis. *International Journal of Psycho-analysis,* 2, 287-305.
森谷寛之・杉浦京子・入江茂・山中康裕（編）（1993）コラージュ療法入門．創元社.
大山泰宏（2008）臨床心理学はどのようにして生まれたか？―歴史．In：伊藤良子（編著）臨床心理学―全体的存在として人間を理解する．ミネルヴァ書房, 19-38.
河合隼雄（編）（1969）箱庭療法入門．誠信書房.
Rogers, C.R.（1957）The necessary and sufficient conditions of therapeutic personality change. *Journal of Counseling Psychology,* 21, 95-103.

学習の ヒント

・カウンセリング, 心理療法, 精神分析。この３つの営みの異同について, もう一度整理してみよう。
・近年は, メールでの心理カウンセリングも試みられている。カウンセリングの原則に従って, メールカウンセリングが有効に機能するためには, どのような条件が守られなければならないだろうか。まずは自分で考えてみよう。そして, Web上でメールカウンセリングを提供している専門家は, どのようなことを条件や制約として挙げているかを確認し, その条件の治療的な意味について考察してみよう。
・あなたが何かひとつ表現療法を受けるとしたら, どの技法がいいか, またそれはなぜか。技法の特徴と, あなた自身の得意・不得意とに関連づけて考えてみよう。

13 | 物語にみる人格の変容

《目標＆ポイント》

・ヨーロッパの近代的な人格観あるいは人格の変容のイメージを産み出した，教養小説，錬金術，薔薇十字団などの歴史的な活動を探り，現在の私たちの人格のイメージを形成している重要な背景について知る。
・それらの活動や思想をたどることで，人格の変容というものがどのように考えられるのか，心理学的な人格変容への示唆を得る。

《キーワード》 教養小説，物語と変容，錬金術

---

1. 教養小説

（1） 教養小説の位置

　私たちは小説を読むとき，その主人公に共感し同一化し，あるいは反発し，そのことで心が動く体験をして，ときにはそこから自分を理解したり，人格的に成長したりする体験をすることがある。

　人格としての成長をテーマとする文学の中に教養小説というジャンルがある。教養小説は18世紀頃からドイツで盛んになった分野であり，Bildungs Roman の訳語である。Bildungs という言葉を教養と訳しているわけであるが，これはニュアンス的には，人格陶冶とか自己形成という意味であり，要するに自分自身を作り上げていくことである。この教養小説では，多くの場合幼年期から成年にかけて，主人公の精神的，心理的，または社会的な発展や精神形成が描かれる。主人公は，さまざま

な体験をし，また，多くの人々に出会ったりすることを通して，心理的・人格的な成長を遂げていくのである。

　教養小説は，ゲーテの『ヴィルヘルム・マイスターの修業時代』に始まり，ヘルマン・ヘッセの小説やトマス・マンの『魔の山』に結実するまで，長い間盛んに執筆された分野であった。『魔の山』においては，主人公たちには，目立った体験や遍歴はない。ただ，夜のあいだ語り合うだけである。当初は主人公が経験を通して成長していく姿を描くものであったが，まさに内面的な成長自体に焦点を当てたものとして結実しているのである。日本でも教養小説という分野は成立している。代表的なものは，夏目漱石の『三四郎』や下村湖人の『次郎物語』である。そこでは，青年が自分たちを取り巻くさまざまな人間関係や異なる価値観の中で葛藤し，感情的に揺れ動きながらも，自己を形成し成長していく様子が描き出されている。

　教養小説に関して注目しておきたい特徴がある。それは，けっしてこの小説は主人公の立身出世や成功の物語ではないということである。概して主人公は状況に翻弄される受動的な人格として描かれる。また多くの場合ごく平凡な社会的地位にとどまり，当面の問題は未解決のままであることも多い。すなわち，個人の成長のプロセスを扱っていくといっても，そこで描かれているのは，世間的な成功とか能力や自我（エゴ）の拡大といったものではない。そうしたものとは異なった価値や内面的な成長の意義を教養小説は呈示しているのである。しばしば近代以降の人間観のもとでは，自我の成長や確立とは世界に対しての能動感と統制感を増していくことと語られることも多いが，少なくとも，教養小説においては，明らかに別の価値観が提供されているのである。

　教養小説では，徹底的に主人公は受動的である。しかし，その脆弱さゆえに，やってくる経験に対して開かれており，自己探求をおこなうこ

とができるのである。だからこそ，そこで描かれているのは個人の個別的な成長でありながら，読者は主人公に対して感情移入をおこなうことができる。英雄物語であれば，読者はその勇気ある華々しい活躍や葛藤の解決を読み，主人公に同一化し取り入れることはあっても，自分と同じ弱さをもつものとして共感することはないであろう。これに対して教養小説では，主人公の弱さや迷いゆえ，読者は自分たちの身を照らし合わせつつ，主人公の体験を自分のものとして引き受けて体験できるのである。自分自身に対する省察が，主人公という他者への感情移入を介して成立しうる。そのことが，読者自身の内面的成長につながるのである。

（2）　教養小説にみられる人格の成長

　次に教養小説の具体例として，ヘルマン・ヘッセの『デミアン』を手がかりに，そこに見られる成長をたどってみよう。『デミアン』を教養小説としてとりあげるのには，一般的にはいささか抵抗があるかもしれない。なぜならば，この作品は，ヘッセがまずはシンクレールという仮名で発表したことからもわかるように，さまざまな道徳的・宗教的な問題をはらんでいるように見えるうえに，その解釈も一筋縄ではいかないからである。しかしそこにあるテーマは，少年の成長のひとつの物語であることは疑いようはないであろう。ヘッセは，ユング心理学に影響を受けてこの作品を執筆したといわれている。第11章で論じたように，ユングの心理学とは近代人の心の中に潜む太古的なものに気づこうとするものであった。『デミアン』の中でも，アプラクサスという善悪の二元を超えた神を認めることが主人公の成長に重要な意味をもち，またデミアンの母親に最終的に包まれるなど，当時の社会通念からすると，背徳的なテーマがある。そこには当時バハオーフェンが提唱した西欧文明の深層に潜む古代の母権的社会の存在や，父親的な法で分化され合理的と

なる近代以前の世界への直観を強く感じさせる。

　しかしながら，見方によっては，ここで描かれている世界こそ，自我の発達と成長のひとつの重要な姿だと見ることもできる。タイトルが主人公のシンクレールではなく，彼にまるで影のように現れ，ときには彼を助け，ときには脅かすデミアンとなっているのは興味深い。デミアンは，その名のとおり「デーモン」という響きを含意している。デミアンに対して，アンビバレントな気持ちを抱きながら，同性愛的な感情までも含むといえる鏡的な世界を通過することで，シンクレールが次第に大人となり，自己を確立していく過程が描かれているのである。シンクレールは，物語のはじまりにおいて，クローマーという不良少年に関わることによって，彼がそれまで住んでいた清らかで調和のとれた世界から，悪の世界へと引き込まれることになる。それを救ってくれるのがデミアンであるのだが，デミアンは，シンクレールがいたような清らかな世界の存在ではない。シンクレールにとって，理解を超えた不気味な他者でありつづける。だがそれがゆえに，彼は他者との対峙によって，成長していくことが可能となる。

　自我の成長には，ここに端的にあらわれているように，他としての存在が必要である。こうした成長のあり方は，ジョセフ・キャンベル（Campbell, J.）が分析しているような，試練（あるいはイニシエーション）を乗り越えて大人となっていくような英雄物語の構造とは，異なるものである。そうした自己の確立や自我の拡大の物語とは異なった自己の成長の理論に開かれていくことが，ある意味で近代的な能動性の行き詰まり感じている私たちにとっては必要であろう。

2. 童話とファンタジー

（1） 神話，民話，童話

　ここまで私たちは，自己が作り上げられていくときには，つねにそれを超えて脅かす，そしてそれ自体ではよいとか悪いとかいった分別もできないような他なるものの存在があることを見た。このことは，神話や民話といったさらに古く伝統的な物語においても見られる構造である。

　神話や民話は，人々が長い時間をかけて語り伝えてきた物語である。神話は世の中の起源について語り，あるいは人間が出現する以前の神々の世界の物語として語られる。神話は，自分たちの根源を語ろうとするものでありながら，同時に自分たちの現在についても語っている。人間が文字を獲得する以前，口承文学によって語られる物語は，まさにそれが語られる瞬間においてのみ存在するものであった。記録されたり文字化されたものとして存在するのではないがゆえ，そうした物語は，太古からの語りでありながら，語り手と聞き手が同時に存在するときにのみ語られ存在しうる「いま・ここ」の語りでもあった。昔のことを語りながらも，それは，今ここそのものであり，今の私たちが何者なのかというアイデンティティについて語るものであった。

　文字化された社会に住んでいる私たちにとっては，物語とは人間の自由な想像力の所産であり，そうした自由な想像力こそが物語を支える力だと思うかもしれない。しかし，口承文学の世界においては，伝えられた物語は，自分が伝えられたとおりに語られなければ消えてしまう。それが変容してしまえば，自分たちのアイデンティティは祖先との結びつきや自分たちの始源から切れてしまう。そこには自由な想像力の入る余地はないのである。

　このように変えないことを絶対としながらも，そのときそのときにや

むをえず，まさに生き延びるために変容が生じてしまうことがある。アイデンティティが根本から揺らされ，それを語り直すことで，まさにぎりぎりのところで自分たちを位置づけ直すような，そうしたせめぎ合いの中から，新しい物語が生まれてくることがある。たとえば「遠野物語」も，明治時代になって急速に近代化が押し進められることで，かつては対象化されることのなかった民間伝承や文化が自覚化され，近代化からの影響が反映され語り直される中から生まれてきたものである。他にも各地の物語をたどるならば，天変地異や異なる文化との接触があったときに物語が生まれている形跡がある。すなわち，それは人が異質なものと出会い，自分たちのアイデンティティを語り直そうとして努力したその営みの結果であるのである。自分たちを脅かすものと出会い，そこを生きのびようとする心の働きからこそ，自分が何者であるかを語る基盤となる物語は，生まれてくるのである。

（2） 神話や民話から見る心の変容
　神話や民話といった物語には，心の変容について，示唆深いモチーフが見られる。こうした物語は，人から人に語り伝えられるうちに，そのときどきでの変容が付け加わり再構成されていくが，そのように個人が作りあげたものではなく，多くの人々の手によるものであるからこそ，人間の心に共通する根元的なパターン，すなわちユングのいう元型（第11章参照）が表れてくる。こうした物語のパターンをたどることは，人間の心というものがどのような条件のもとで，どのように変容するかに関する知見を与えてくれる。そのうちの重要な2点を以下にまとめておこう。
　1）極限状態での反転：世界の広い地域で流布している「手無し娘」の話がある。いくつかのバリエーションがあるが，共通するパターンは

以下のようなものである。幸せな時間も束の間で，理不尽な理由で手無し娘は不幸のどん底に落とされてしまう。彼女にとって自分の子どもが，たった一人の身寄りである。その子どもが自分の不注意で川に落ちてしまい流される。必死で抱き上げようとしたそのときに彼女に手が生えてくるのである。このときの心的状態は，自分に手がないことを忘れているような状態であるといえる。すなわちそれは意識的な動きではなく，完全に無意識的な状態であり，まさに自分を賭した捨て身の状態である。そのときにこそ，自分の意図を超えた力が働くのである。

　手無し娘の物語は，まだ分かりやすいが，グリム童話の「蛙の王子様」は一見すると分かりにくく理不尽な物語である。池に落ちた毬を拾ってくれたことで一緒に暮らすことになった蛙が，次から次に馴れ馴れしくお姫様に要求し接近してくる。お姫様は，腹に据えかねてついに怒りとともに壁に蛙を投げつけると，それが美しい王子様に変わる。王子様は魔女に魔法をかけられていたのである。ここにも，自我の統制を離れた，ひとつの極限状態での必死の行動がある。蛙の図々しい要求を次々と受け入れていっていたお姫様は，自分の心の本意を殺していたのかもしれない。その意味では，お姫様の心自体が，何らかの魔法をかけられていたともいえる。しかし，ついに自分の本音である怒りが出て自己主張することによって，重要な変容を惹き起こすのである。自分の本心を図らずも投げつけてしまうことが，変容につながるというのは心理療法の中でもしばしば見られるモチーフでもある。

　２）異質なものとの結びつき：異質なものとの出会いが，変容や成長のきっかけになることをすでに見てきたが，このモチーフは神話や民話にもしばしば登場する。たとえば『古事記』の中でその体系の根幹をなす重要な神々が次々と誕生するのは，イザナギが，黄泉の国で穢れを受け，それを祓った時である。ユングの元型のひとつであるトリックスタ

ーも，異質なものとの出会いが創造をもたらすことを表象している。多くの民族神話の中で，いたずらっ子が様々な騒動を起こし，引っかき回すが，結果的に新たな世界の始まりをもたらすというモチーフは多く見られる。日本の神話では，乱暴狼藉を働いたスサノオが，神の世界と人の世界をつなぐ役割をしているのも，その一例である。

　心ということに焦点を当てるならば，異質なものとの出会いとは，自分の無意識に図らずも出会ってしまうことに相当する。たとえば，フロイトがそもそも注目した，言い間違いや失念などは，それまでの意識の整合性に破れをもたらすものである。私たちが精神的な症状を抱えてしまうことも異質なものとの出会いである。精神的な症状は自分の力や意志ではどうしようもなく，自我にとっては不都合でやっかいなものであるが，それを力で排除したり克服したりするのではなく，その症状が問いかけてくるものに開かれて私たちの生き方を問い直すことで，人格の変容あるいは成長があるのである。

　とはいえ，異質なものに出会うということは，危険性を伴うものであり，時には破壊的でさえある。それらに向かい合っていくことは，自分では暗闇の中を歩くような，先行きの見えない，きわめて探索的で辛抱強い過程となる。異質なものや他者とは，まさに自分がそれを把握したり意味づけたりすることができないからこそ異質なのであり，自分はどのように収まりをつけていくのか，どのように自分はそれを統合していくのか，先を読むことはできないのである。異質なものとの出会いから始まるプロセスは，ひとつひとつが極めて個別的であり，先の見えない不安な過程ではあるが，一種のイメージやシンボル的な思考が，変容を支える導きとなることがある。そのひとつとして，錬金術に関するテクストを見てみたい。

3. 錬金術と薔薇十字団

（1） 錬金術と人格の変容─「賢者の薔薇園」をめぐって

　錬金術は長らく，近代ヨーロッパの精神史からは封印されてきたといえる。それは怪しげな魔術であり迷信であって，近代的な合理思考や啓蒙的な考え方以前の古い遺物であるかのように扱われていた。しかしながら，錬金術あるいはそれと深く関連する思想こそが，ヨーロッパの理性主義や近代的自我の形成につながっている。実際に錬金術がもっとも盛んだったのは，迷信や非合理的な信念に満ちていた中世ではなく，合理性を人々が求めはじめた近世である。また思想史的な系譜をたどっていくと，これに関わる運動の中からこそ近代の理性を称揚した重要な思想家たちが現れているのがわかる。

　錬金術は，価値の低い金属から価値の高い黄金を作り出そうとするという，およそ不可能な試みである。現実的には不可能な試みであったがゆえに，人間の世界観や変容に対する心的なプロセスという人間の心の構造が反映されたものになっている。すなわち，外的世界の変容が不可能であるからこそ，変容をイメージし法則化することは心理的な作業となるのである。そこに現れてくる世界は，きわめて心理学的なものなのである。

　錬金術が心理学的対象として重要であることに気がついたのは，ユングであった。彼は，『転移の心理学』および晩年の大作『結合の神秘』で，真正面から錬金術を取り上げ，そのプロセスと心理学的変容のプロセスとを並行させながら読み解いている。ここでは彼が『転移の心理学』の中で言及している錬金術書のひとつである『賢者の薔薇園』をたどりつつ，心的変容のプロセスのシンボリカルな表現を見ておこう。

　このテクストは全部で10枚の図版から成るが，紙幅の都合でここでは

６枚のみを選んで述べることにする。

　次頁の図13-1は，「賢者の薔薇園」の第２図である。これは王と妃が出会うが，両者は男性と女性，太陽と月，昼と夜など，さまざまな対立物の出会いを象徴している。左手で握手をしているのは，その結びつきが不吉で暗いものであり，タブーを犯すことを意味している。しかしお互いが他方に対してクロスして右手で差し出している花は，それが霊的な結合へと至ることを暗示している。これは心理学的には転移の始まりの事態である。お互いがお互いを指し示し，そのことによって一種の背徳的な鏡的状態が作られるのであるが，その関係の中にこそ，第三のものである精霊（ここでは鳩で象徴されている）が降りてくる。

　図13-2（第４図）は浸礼。王と妃は，器となる盤の中でメルクリウスの液体に浸る。メルクリウスとはマーキュリー，すなわち水銀のことである。水銀は金属であり液体であるというように，相反する形を有していることから，あらゆる対立物を溶かしこむ性質をもったものと考えられている。それを媒介に王と妃は溶解し，形を失い原初の暗い状態へと回帰していく。図13-3（第５図）では，両者は暗い液体の中で結合する。もはや王と妃を媒介していた鳩や花は消えている。これは，両者そのものが結合の事実であり，結合を指し示し予感させる象徴は必要ないからである。図13-4（第６図）では，水盤は石棺となり，両者は双頭の一体となっている。もはや両者の原形はなく完全に死んでいる状態である。これは腐敗でありニグレド（黒色状態）と呼ばれる，錬金術で極めて重要な状態である。黒色は，死の色であり完全な無彩色であると同時に，あらゆる色を含みこんだ根源色である。万物はそこに還り無に帰し，同時にそこからすべてが生まれ得るのである。図版は省略したが，次に来る第７図では魂が肉体から抜け出し上昇する。腐敗しきった肉体は魂からも完全に見捨てられてしまうのである。そのとき一種の反転が

図13-1　（第2図）王と王妃の出会い

図13-2　（第4図）浸礼

図13-3　（第5図）結合

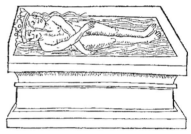

図13-4　（第6図）死

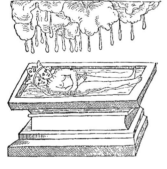

図13-5　（第8図）浄化

図13-6　（第10図）新たな誕生
（写真提供：ユニフォトプレス）

起きる。腐敗した肉体に天からの雫がもたらされるのである（図13-5（第8図））。この雨により，黒い腐敗しきった肉体は浄化される。錬金術でいうアルベド（白化）の状態であり，次に来るべきはじまりを意味している。やがて魂が天から回帰し，図13-6（第10図）でふたたび起き上がった王と王妃は，もはやこれまでの姿ではない。両者の身体（同時に魂）が結合した，両性具有的な存在である。その傍らには百合を象徴した知恵の植物がある。ここでは，第2図では存在しなかった地面が存在し，足元には悪魔を暗示するカラスがいる。これは単なる霊的なものや精神的なものの次元での結合ではなく，肉体的で物質的なものとの統合も意味しているのである。

　このように，ここには人格の変容のプロセスが描かれているが，重要なのは一方の人格が他方を同化したり，自己の中に回収したりするといった過程ではなく，両者が変容することである。また，その変容は，一見不吉で暗いものから始まるということである。これは，すでに私たちが教養小説で見てきたように，変容のプロセスというものは受動的な営みであるということと別のことではない。

（2）　近世ヨーロッパの危機と人格の成長

　近代の科学の発展によって，私たち人類は世界を対象化し，分析し支配し制御してきた。このような態度の基礎にある近代の自我は，すでに本稿でも述べたように，しばしば人間の能動性や理性，自由の獲得であるかのように語られることが多い。仮に近代的自我がそのようなものであるとしても，そうした自我が誕生した時期は歴史的に見ると，ヨーロッパにとってもっとも混迷を極めた危機的な時期でもあった。

　宗教改革後の16世紀のヨーロッパは，新教と旧教との対立，あいつぐ政略結婚，大航海時代による世界各地からの文物や情報の流入，アラブ

世界の先進的な学問の影響などを次々と体験した。それまでの地域共同体で担われていた素朴な価値観，あるいはカトリックのもとでの統一的な世界観が揺らいだ時期であり，各地で紛争も絶えなかった。この時期はまた，ヨーロッパの各地域を超えた繋がりと融合が進んでいった時期でもある。チェコのルドルフ2世のもとには，ヨーロッパ中から多くの学者が集まり，錬金術を含む研究が展開されていた。また，マニエリスムという様式のもと，世界の細部から全体（ミクロからマクロ）に至るまでの法則と類似性を見出そうとする，新たな精神的態度が生まれ，広がっていった。

　そして17世紀初頭には，『友愛団の名声』と『友愛団の告白』という2つの怪文書をきっかけに，薔薇十字団という秘密結社の存在が，瞬く間に人々から噂されはじめた。この2つの怪文書では，これから世界の抜本的な改革が，人々の英知の結晶のもとでおこなわれていくであろうと，高らかに宣言されている。薔薇十字団そのものが実在したかどうかは謎に包まれているが，この秘密結社をめぐって人々にかきたてられた空想や活動が，近代のヨーロッパを形作るうえでの重要な精神的運動に結実していったのは確かである。薔薇十字団との関連が示唆される人々は，たとえば，近代教育学の祖といわれるコメニウス，近代哲学の祖であるデカルト，また時代は少し下るがニュートンなどである。これらの人々が着目したことは，世界の認識と神の認識との相同性である。しかしながら，ここではもはや，神の意志が自明に直感的に与えられるという神学的な思考ではなく，表面に現れていない神の意志を探るという，科学につながる思考態度が生じてきているのである。

　このように，マニエリスムや薔薇十字団など，近世の新たな人間像と世界像との探究は，異質なものに出会い，これまでの共同体や世界観が崩れ混乱したところから開始されたものであることに着目すべきであろ

う。こうした混乱の中から，あらゆる事象を貫く共通性や法則性のイメージが出現しているのである。それはひとつの中心性のイメージであるといってもよい。マニエリスムと錬金術的な思考，また薔薇十字団への切望とは，まさにそのようなものであった。

　心理学的な意味で真の変容が生じるのは，私たちが能動性や自己性というものを徹底的に失ってしまい，こちら側が作り出すのではなく，向こう側から呼びかけてくるような新たな世界像や自己像の到来によるものであることを，人格の変容に関する物語や歴史は教えてくれているのである。

引用・参考文献

Campbell. J.（1949）The hero with a thousand faces.　Pantheon Books.
　（邦訳：平田武靖他（訳）（2004）千の顔をもつ英雄．人文書院.）
グリム，J.＆グリム，G.(金田鬼一訳)（1984）完訳　グリム童話集．岩波文庫.
ヘッセ，H,（高橋健二訳）（1949）デミアン．新潮文庫.
Jung, C.G.（1946）*Die Psychologie der Übertragung*, G.W. 16.
　（邦訳：林道義・磯上恵子（訳）（1994）転移の心理学．みすず書房.）
Jung, C.G.（1955）*Mysterium Coniunctionis : Untersuchungen über die Trennung und Zusammensetzung der seelischen Gegensätze in der Alchemie*. G.W. 14.
　（邦訳：池田紘一（訳）（1995）結合の神秘．人文書院.）
河合隼雄（1989）元型としての老若男女．In：生と死の接点．岩波書店.
高山宏（2007）近代文化史入門―超英文学講義．講談社学術文庫.
Yates, F.（1972）The Rosicrucian Enlightenment.　Routledge.
　（邦訳：山下知夫（訳）（1986）薔薇十字の覚醒―隠されたヨーロッパ精神史．工作舎.）

- 主人公の人格的な成長を題材にした小説は，本章で挙げた以外にどのようなものがあるか，これまで自分が読んだ本を思い出して考えてみよう。
- 童話やファンタジーなどの物語には，本文で挙げた「蛙の王子様」のように，一見理不尽な展開のものも多い。そうした物語があったら，それは心理学的にはどんなことを意味するのか，考えてみよう。
- 本章において，錬金術のモチーフや近代的な人間観・世界観のはじまりで見てきたように，混沌が極まったところからこそ，新たな変容が生じてくることがある。そのような体験は，みなさん方にもあるだろうか。あきらめきったところから希望が出てくる，悲しみきったところからこそ感謝が出てくるような体験が。

14 | 人格と存在

《目標＆ポイント》
・テロやジェノサイド，戦争などにおける人間の行動や心理について知る。
・人格の向上と完成をめざす考え方が，人格の否定に至ることがあることを知る。
・人間自身によって人格が否定される不幸の中で，人格の尊厳と希望を失わないことに重きをおく，実存主義的な人格理論を知る。
《キーワード》 テロリズム，ジェノサイド，ホロコースト，実存分析，ロゴテラピー

----

1. 人格の否定

（1） テロリズムの心理学的意味

　現代の社会においても，人格が人間の手によって否定されるという悲惨な事態は後をたたない。私たちはテレビをつければ，毎日のように飛び込んでくるテロのニュースに接する。テロとは，なんらかの政治的目的の達成のために人々に恐怖心を与えようとする，暴力行為のことである。そこで殺される人々は，恨みをかったり特定の理由があったりして殺されるわけではない。その人たちの命は，一方的な目的達成のための手段として利用されているのである。

　テロのニュースに接する私たちは，まずその理不尽さに心を痛める。なぜ幼い子どもが，政治的目的のために殺されなければならないのか，

どうして何の関係もない人々の日常生活が破壊されたり，見せしめに殺されたりしなければならないのか。こうした理不尽さにさらされ続けることで，私たちには，私たちにとって自明に思っている日常が実は危ういものではないかという，潜在的な恐怖が植え付けられる。

　しかしながら，それに対して私たちは二重の否定をおこなわざるをえない。第一にジャーナリズムを通して飛び込んでくる痛ましい出来事を自分の日常生活とは関係のない場所においておくという，情報に対する否定，そして第二に，潜在的に恐怖し傷ついている自分自身の感情の否定である。

　私たちが自分自身の身体を携えて生きている日常生活の世界から見ると，テロは異なる世界での出来事である。テレビの向こう側で多くの人々が死んでいるとしても，今ここで私たちが生きている世界はそのような危険な状況にはさらされていない。テロの理不尽さに私たちがどれほど心を痛めても，現にこの日常を生きている私たちにとっての価値は，別のところに置かざるをえない。たとえ多くの子どもが殺されたというニュースに心を痛め，すべてを投げ出したくなったとしても，私たちは，日常の生活のひとつひとつの義務を果たさねばならず，日常生活では笑顔を保たなければならないかもしれない。

　2つ目の否定は，私たちの情動的な反応の否定である。心理学では，脅威を与える場面の映像を見たり，そうした情報を聞いたりしたとき，私たちの身体は，それに対して潜在的な脅威の反応を示すことがよく知られている。たとえば，意識下知覚の実験からは，ストレスフルな映像に接したとき，私たちは，自分自身では気づいていなくても，意識下では認知し情動的な反応をしていることがわかっている。つまりテロの映像にさらされたとき，それらは確実に私たちの心に影響を与えているのであるが，私たちはそれに気づかないふりをして生きていかねばならな

い。これは，私たちの心に潜在的な解離をもたらしかねない事態である。

　このように，テロリズムという人格の否定行為に対しては，私たちは自分自身をも否定しなければならない状況にある。このような二重の否定の中を生き続けることで，私たちは，この世の中で日常の日々を今のように生きることを，心から正しいことだと思えなくなったとしても，無理はない。自分の生き方はこれでいいのかといつも問い続けねばならなかったり，あるいは，問うということ自体を否認して，刹那的に生きることになってしまうかもしれない。

（2）　ジェノサイド

　人間の手によって人格が否定される現象として，次にジェノサイドを考えてみたい。ジェノサイドとは，集団殺害のことであり，国民的，民族的，人種的，宗教的な集団の全部または一部を抹殺する意図をもっておこなわれる殺戮や破壊，と定義される。もともとはナチスがユダヤ人という「種族（ギリシア語で geno）」を「殺害（ギリシア語で cide）」しようとしたことに対して，アメリカで使われはじめた言葉である。

　ジェノサイドは，近代以前では宗教戦争あるいは宗教的異端派への弾圧としておこなわれることが多かった。植民地支配がはじまると，先住民に対する虐殺や強制的な同化政策がおこなわれたりもした。20世紀に入ると，人種主義や民族主義と結びついた虐殺が主流を占めるようになる。ジェノサイドは，決して過去のことではなく，現在の問題である。たとえば，ボスニア・ヘルツェゴビナ紛争のときに発生した1995年のボスニア人の虐殺（推計8000人）や，1994年にアフリカのルワンダで生じた大虐殺（推計100万人）などは，まだまだ私たちにとって，過去ではなく「今」に続く痛みである。

　とりわけ，ルワンダの大虐殺は，心理学的にも着目しておかねばなる

図14-1　**人体計測**（写真提供：ユニフォトプレス）

まい。この大虐殺は，人口800万人のルワンダの人口の10分の1以上が，わずか100日間のあいだに殺されるという，大規模で悲惨なものであった。これほどの犠牲が出た背景には，国連の動きをめぐるアメリカやフランスなどの大国の思惑があり，この事態を単なる民族対立として扱い，介入を先のばしにしたという国際社会の失態があるが，ここでは詳しくは扱わない。本稿で着目しておきたいのは，この大虐殺の原因となった，フツ族とツチ族という人為的な民族の区別である。この両族はもともとは同じ言語を使い，生活圏も入り交じり明確な区別はなかった。強いていえば，フツ族は農耕を主としツチ族は遊牧を主とするという生活の形態，またそれによって形成される貧富の差などが，両者の民族的境界を意識させる程度の，曖昧なものであった（遊牧業を主たる生業とするツチ族は，牛を多数所有するなど比較的豊かだったのである）。

　第一次大戦後ベルギーがこの国の宗主国となると，当時，人間の能力を身体的特徴から知ることができるという仮定のもとでおこなわれていた人体計測（図14-1）によって，フツ族とツチ族とが人為的に分離されるようになった。人々は，鼻の大きさや角度，皮膚の色などが計測さ

れ，次のように結論づけられた。ツチ族は，エチオピアからやってきた白人に近いハム族に起源をもち，人種的により優れているとした。こうして，少数のツチ族支配を介して多数のフツ族を支配するという体制を作りあげた。もともと曖昧であった両者の区別は ID カードによる区分で固定化が図られ，対立が持ち込まれた。ルワンダの人口が膨れあがってくると，農耕民であったフツ族は土地不足と土壌の疲弊による慢性的な貧困に苦しめられ，少数派で富や政治や教育を独占するツチ族への反感が強まっていった。やがてフツ族のクーデターによってフツ族主導の共和国が誕生すると，今度はツチ族に対する抑圧が強まり，ツチ族に対するフツ族の計画的な殺戮が暴走しはじめたのである。

　このように，一見すると民族対立のように考えられる事柄にも，人間をどのような基準で分類し，また，その分類がどのように個人のアイデンティティに結びつくのかという，心理学的な事象がある。

（3）　戦争の心理学

　戦争やテロ，ジェノサイドでの殺戮がなぜ生じてしまうのか。理性的な判断をし，他者に危害を加えることに躊躇する人間でも，一定の条件のもとではきわめて非人道的な行為をおこないうることを，第5章では，集団心理あるいは社会心理学的の視点から論じた。ここではさらに，個人の心に何が生じているかに着目し，論じてみよう。

　戦争のような異常な状況においても，兵士は殺人マシーンのように無差別に人を殺すようになってしまうわけではない。自らも兵士であったデーヴ・グロスマンによる『戦争における「人殺し」の心理学』は，兵士たちの戦争時の心理を詳細に分析している（Grossman, 1996）。それによると，第二次世界大戦のときには，前線にいて自分や仲間の命が危険にさらされているにもかかわらず，敵に向かって発砲したことがある

のは兵士の15％から20％にすぎなかったという。そこで，その後の兵士の訓練は，過剰な暴力を抑制することではなく，必要なときにも発砲しない兵士たちの殺人への抵抗感をいかに克服するかということに力点がおかれることになった。このような訓練には，いくつかの心理学的な手法が用いられた。そのひとつは，殺人のときに相手の顔を見ないですむようにすることである。一人を銃で狙って殺すよりも，大勢に対して遠距離から手榴弾や散弾で殺すほうが抵抗が少ない。また，空爆などの手段を使えば，直接手を下すよりも間接的に殺すことができるのである。第二は，相手を殺す大義名分を吹き込み，自らの行為を合理化させることである。敵を蔑視する言い回しをさせ，相手がいかに残虐で非人道的であるかを教え込む，世界平和に貢献するための戦争であると正当化するなどの手段である。第三は，行動主義の学習理論の応用である。これは的に狙いを定めて撃つという複雑な判断が介在する行為よりも，物陰から出てきた的を条件反射的に即座に撃つほうがたやすいというものである。しかも，その的の形は丸ではなく人間の形をしているほうが，行動を生起させる条件としてより実際の戦闘場面に近いので，戦闘場面での射撃率の向上につながる。さらに，射撃の成績によって報酬やサンクションを与えるようにするのである。こうして，反射的に無差別に動きのあるものは撃つという行動が学習により強化されていく。人間の形をした標的への発砲の訓練は，実際の戦闘場面での抵抗感も低下させる。実際に人に発砲しても，訓練時の標的への発砲と心理的には区別がつかず，殺人に対する罪悪感を感じにくいのである。こうした訓練の結果，米軍兵士の発砲率は，第二次世界大戦の15〜20％から，朝鮮戦争では55％，ベトナム戦争では90％まで上昇したという。

　これに付け加えるならば，戦争のときには人間は我が身に危険が迫っているがゆえ，複雑な判断をおこなって行動するより，微細な徴候をも

とに反射的に行動する傾向があるので，訓練によって学習された行動は戦闘時により表面化しやすいのである。

　こうした行動は，戦闘という異常な状況においては適応的なものである。しかし，生活の大半を占める戦闘場面以外においては，大きな不適応を引き起こすこととなる。殺害してしまった民間人の顔を見ることで，殺人というリアリティの大きさにショックを受け，罪悪感に苦しめられることを，グロスマンは報告している。また，帰国すれば反戦運動の流れの中，人殺しとして非難される。さらに，徴候に反応し即座に行動するといったあり方は，安全が保証されている帰還後の空間の中においては，徴候に怯え，フラッシュバックを繰り返すというPTSDの状態に直結する。こうした心的状態から回復するためには，丹念な治療が必要であり，多くの帰還兵がこうした症状に苦しめられ，アルコールや薬物の依存に陥ったり，自らを再び危険な状態に置こうとしたりするなど，心理的な問題が生じやすくなる。

2.　実存主義的人格

（1）　ホロコーストと優生学

　第二次世界大戦のときの，ナチスによるホロコースト（大量虐殺）は，人類史上のもっとも大きな過ちのひとつである。ホロコーストでは，各国から強制的に連行されたユダヤ人が約600万人の他，ロマ（ジプシー），同性愛者，精神・身体障害者，重病者といった人々が，社会的な逸脱者の烙印を押され，合計で約500万人殺された。他にも反ナチスの政治主張をする人々も殺された。

　こうした非人道的な行為をおこなったナチズムを20世紀の狂気として片づけてしまうのは，実は大きな誤りである。ナチズムは，20世紀の理

図14-2　ナチスが理想としたドイツ家族の絵（Willrich 1938）（左）と解放後のアウシュビッツの子どもたち（右）(写真提供：ユニフォトプレス)
図14-2の左右ともにナチスの思想の中では，矛盾がなかった。

性の結果であったことを，私たちは理解しなければならない。ナチズムがそもそもめざしていたのは，実は人格と人間の向上であった。そのために，ナチスはさまざまな政策を実行した。頽廃芸術の一掃と国民的芸術の推奨，自然回帰の運動，健康増進運動などである。健康増進運動の例としては，タバコとアルコールの害について啓蒙し，アスベストの使用を禁止するなどの政策をナチスはいちはやく打ち出していた。また，子どもを母乳で育てることの推奨，菜食主義や自然と親しみながら明るく健康に暮らす家族のイメージなどが人々に広められた。こうした明るく正しく健康なイメージとおよそ対極のホロコーストは，実はこの態度の延長線上にある（図14-2）。

ホロコーストにつながったもともとの発想には，人類の健康と精神性の向上のため，いわゆる人間の理想形から逸脱しているとナチスが認定したものを根絶やしにして，人類を改良し向上させるという意図があったのである。この意図は，ナチズムのみに見られたものではない。当時は，ヨーロッパやアメリカの多くの国で，優生学（eugenics）の考えのもと，精神疾患や身体的な障害をもつ者に，断種がおこなわれた。優生学は進化論と遺伝学とが結びつき，人間の遺伝形質を改良し人類の進歩に寄与しようというものである。第6章で述べたカリカック家の研究もこの流れにあり，アメリカでは1907年にインディアナ州で世界初の断種法が制定され，1932年には32州で断種が合法的におこなわれ，6万人以上がその対象となった。また北欧でも，1929年にはデンマークで，1934年にはスウェーデンで断種法が制定されている。日本でも，ハンセン氏病患者への隔離や断種がおこなわれ，また優生保護法のもとでおこなわれた断種の事実がある。

ナチスのホロコーストは，たしかに極端な事態であった。しかし，それは私たちが成そうとしている人間の進歩をめざす運動の中に胚胎しているものであることを忘れてはならない。実際，ナチスの支持母体の主たるものは，ドイツの教養市民層であった。すなわち，第13章で述べたような人格の陶冶と完成をめざすその思想が，排除へとつながってしまったことを，私たちは人類の手痛い過去として認識しておくべきであろう。

（2）　フランクルの体験

精神医学者のフランクル（Frankl, V.E.）は，第二次世界大戦中アウシュビッツとダッハウの強制収容所で，人間性（人格性）がまったく否定されてしまう状況を体験するも，その極限状況を生き抜いた。彼の体

験は『夜と霧』という書物にまとめられ，日本でも２種類の邦訳が出版されている。この書物の中でフランクルは，彼が極限状態において体験した人間の悲惨さと偉大さを記している。「わたしたちは，おそらくこれまでのどの時代の人間も知らなかった『人間』を知った。では，この人間とはなにものか。人間とは，なにかをつねに決定する存在だ。人間とは，ガス室を発明した存在だ。しかし同時に，ガス室に入っても毅然として祈りのことばを口にする存在でもあるのだ」という文章には，それが見事に凝縮されている。

　自らも囚われの身であり，まさに出口が見えない状況の中でもフランクルは，医師としてあるいは心理学者として，収容所で生活する人々と自分自身の行動や心のあり方を分析する。想像を絶する状況の中にありながら，その筆致は人間の尊厳に対する確信に満ち，冷徹でもなく，かといって感情的でもなく，温かくて客観的な観察が展開され，世界中の人々に深い感銘を与えた。

　フランクルによると，囚人の心理的反応は３つの段階に区別される。収容所に囚われるとまず第一期として「収容ショック」が襲う。人間はまず自分に襲いかかった過酷な現実を改善しようと様々なことを試みる。しかしその試みがすべて失敗すると分かると，自分をあざ笑い，皮肉っぽくなり，自分に襲いかかった辛苦を他人事のように対象化しようとする。絶望から自殺するものもいる。第二期は無感動の段階である。自分や他人が虐げられたり，誰かが死んでも，それに対して無関心で無感覚となる。この無感動は心の防衛機制のひとつである。このように，外的生活において人間性が否定され，また内面においても人格性が退行していく状況にもかかわらず，いやそのような状況だからこそ，希望や想像力，そして未来へむけての決断こそが命を支えるために重要だったことを，フランクルは『夜と霧』の中で描き出している。愛する人たち

のことを考えることや，歌や冗談は一瞬でも自らを満たすことができる。このように内面の自由さと豊かさ，内的なよりどころをもっているかどうかが，生死を分ける決定的な要因となったという。第三期は，収容所から解放された後の段階である。収容所生活に適応し，またそこでの打撃を受けた精神は，簡単には解放後の生活に適応できない。自分たちがあれだけ苦しみに耐えたのだから，ささいな事は許されるという非道徳さ，生き延びた自分たちに対する周囲の人間の型どおりの反応への失望，家族との面会の希望を心の支えにしていたのに，既に家族は死亡していたとわかった場合の悲観など，解放後も心理的にさまざまな困難に直面するのである。

　収容所の中で囚人たちが生き抜くことを支えた，人間の内面の自由や未来への希望ということが，後のフランクルの思想展開の中心となった。人間はどんな状況においても，自分のあり方を自ら決断して未来へ投げかけるという，誰にも奪えない自由をもつ。たしかに一部の心理学で主張されているように，人間は環境によって作られる存在であり，人間の行動は環境から規定される面もあるが，人間は自らを自らの意志で作り上げていくこともできるのである。このことが，彼の実存分析的な心理学の基礎となっているのである。

3.　未来へ向かう人格

（1）　実存分析

　実存分析とは，実存主義の哲学と深く関連しつつ，行動主義的心理学やフロイト派精神分析を批判し，それを乗り越えようとした一連の人々の心理療法の立場であり，ビンスワンガー（Binswanger, L.），ボス（Boss, M.），V. フランクルといった名前に代表される。

ここでは，ボス（Boss, 1957）の考え方を参考にしつつ，実存分析の立場を紹介しよう。まず実存分析では，人間の行動の第一原因を人間の自由意志と未来への希望に求める。フロイトの人格理論においては，人間の行動の原因は，原始的な欲求や衝動，あるいは幼少時の体験や発達課題への固着として考えられている。このような考え方では極端な場合，文化的活動や価値追求といった行動さえも，防衛機制として原始的衝動に原因をもつものであるとか，欲求不満に対する補償的活動として考えられることになる。実存分析の立場からは，このような考え方は，人間の動機を獣性や幼児性と考えることになり，人間性を否定し人間の尊厳を貶めることになると批判される。実存分析では，人間の内的な欲望や過去の体験の影響というものを認めるにしても，それにすべてを還元するのではなく，誰からも奪われることのない内面の自由をもち，未来へ向けて自分自身を作りあげ，今の自分のあり方を決断することのできる存在としての人間を強調する。

　実存分析の第二の特徴は，人間存在の「いま・ここ」の重要性を強調することである。精神分析や心理学では，人間の行動や思考の裏に隠れた原因を仮定し，それを探ろうとする。そこには，表面に表れている事柄は変形された仮象であり，背後にもっと本質的で重要な何かが存在しているという考え方がある。これは第11章で言及したように，自然科学にも共通する精神的態度である。しかしながら，背後にもっと本質的なものがあると仮定することは，結局「いま・ここ」の事象が偽りであって真実は別のところにあると考えていることになる。しかし，背後にあるとされるものはあくまでも仮説的な概念であって，その存在を直接証明することはできない。存在するかどうかわからないものを真の本質だと思い込んで，目の前にある現象を偽なる仮象と考えることは，転倒した態度である。このような態度は，自分が今このようにあるということ

を否定し，現状を引き受けず目をそらすことになりかねない。隠された本質を信じそれを実現するために「いま・ここ」の現在を否定することは，人類の「本来の」能力を実現するために人々を否定していった発想にも，結びつくものである。

（2） ロゴテラピー

　フランクルは，極限状態において人間が生き延びるときに必要なのは，未来への希望と内面の自由だと強調した。これも一見すれば，今ここにないものを真として，現状を否定する態度のように見えるかもしれない。しかしこれは，否定しようのない状況のもとで，最後の砦として残る自分自身の人格の尊厳なのである。近代的な前進と発展を求める考え方では，未来がかくありたいから，今はこうすべきだと考えており，現在は否定され未来に奉仕する位置づけにある。しかし実存的な考え方では，今は変えようがないからこそ，未来へと希望をつなぐのである。

　換言すれば，実存的なあり方とは，今現在の対象との関係に徹底的に向かい合うということと，そこから超越するということとの両方に支えられているものである。実存する exist という言葉は，ex-sist（外へ向かって一立ちつづける）という意味を含んでいる。実存することとは，今ここにあるということに徹底的に沈潜し内在しつつも，自らの存在を超え出ていくことなのである。

　この立場からフランクルは，ロゴテラピーという方法を提案し，実存分析の中でも特殊な自分の立場を位置づける。ロゴテラピーは，心理療法に「ロゴス」を導入し関連づけることであり，意味と価値を顧慮することだという。実存分析が，「精神的なものへと向かう営み」であるのに対して，ロゴテラピーは「精神的なものから出発する」ものであるという。すなわち，自分に降りかかってきた状況の意味を探求するのみで

なく，それをどのように解釈し意味づけ取り組むかといった，人間の能動的な自由意志を重視するものである。しかしこれは，人間の状況解釈に対する恣意性を強調するものではない。避けようのない状況の苦しみを引き受けつつ，それに対する決断性と責任性を取り戻すことであるという。実存的課題に取り組む態度は，「自分を取り巻く状況がしかじかだから，自分はこうだ」という順接の思考ではない。「状況はこうである，それでもなお，自分はこうである」「それでもなお自分はこうする」という逆接の思考である。「これだから人生を認められない」ではなく，「それでも自分の人生にイエスと言う」ことなのである。所与や過去の状況から自分の生きている意味を見出そうとするのではなく，生きる意味へ向かっていくのである。こうした意味では，私が人生の意味を問うのではない，私が人生から問われているのである。

引用・参考文献

Boss, M.（1957）*Psychoalayse und Daseinsanalytik*. Hans Huber.
　（邦訳：笠原嘉・三好郁男訳（1962）精神分析と現存在分析論．みすず書房.）
Frankl, V.E.（1946）*Ein Psycholog erlebt das Konzentrationslager*. Verlag für Jugend und Volk.
　（邦訳：池田香代子訳（2002）夜と霧．みすず書房.）
Frankl, V.E.（1950）*Homo Patiens : Versuch einer Pathosizee*. Franz Deuticke.
　（邦訳：真行寺功訳（1972）苦悩の存在論―ニヒリズムの根本問題．新泉社.）
Gourevitch, P.（1999）*We wish to inform you that tomorrow we will be killed with our families : stories from Rwanda*. Picador.
　（邦訳：柳下毅一郎訳（2003）ジェノサイドの丘―ルワンダ虐殺の隠された真実 上・下．WAVE 出版）

Grossman, D.（1996）*On Killing―The Psychological Cost of Learning to Kill in War and Society*. Back Bay Books.
　（邦訳：安原和見訳（2004）戦争における「人殺し」の心理学．ちくま学芸文庫．）
大山泰宏（2007）実存的な課題．In：桑原知子編　臨床心理学（朝倉心理学講座 9）．朝倉書店，91-99.
Proctor, R.N.（1999）*The Nazi War on Cancer*. Princeton University Press.
　（邦訳：宮崎尊訳（2003）健康帝国ナチス．草思社．）
米本昌平・松原洋子・市野川容孝・橳島次郎（2000）優生学と人間社会―生命科学の世紀はどこへ向かうのか．講談社現代新書．

- 20世紀以降の世界では，どこでどのようなジェノサイドが生じていて，どれくらいの人が犠牲になっているだろうか．文献やWebサイトを参考にして，調べてみよう．
- 戦争を題材にした映画で，そこに見られる「人殺し」の行動パターンというものを分析してみよう．「人殺し」は，どのような状況で生じているか．「人殺し」の重さを攪乱するために，どのようなトリックが用いられているか．すなわち，殺される側はどのような人物として描かれ，殺される理由はどのようなものとなっており，どのようにして殺されるか．また，戦争の悲惨さを正面から描いた映画と，エンターテインメント的な要素の強い映画との違いを分析し，そこでの「人殺し」の描き方の違いを分析してみよう．
- 自分の生命の危険を冒してでも，他者の命や自分の信条を守り通した人々は，いったい何を思い何を考えたのだろうか．どうしてそのような行為を果たすことができたのだろうか．自分なりに考えてみよう．

15 | 人格心理学の展望

《目標＆ポイント》
・人格ないしは人格理論と社会的・文化的背景との関連を理解する。
・メディアによって提供される環境と人格との関わりを理解する。
・これまで，本科目「人格心理学」で学んできた知識や概念を，現代的なテーマのもとで有機的に関連づける。
《キーワード》 リテラシー，リアリティ，電子メディア，抑圧と解離，身体

1. 日常生活と人格

（1） 歴史的状況と人格

　本書のいくつかの章で，すでに論じてきたように，人格をどのようなものと考えるかは，その時代の歴史的状況と深く関連している。このことは，人格という心理学的概念自体がそもそも，歴史的・社会的な文脈と深く関連して生じたことに，如実に示されている。人格について考えることは，その時代に生きた人間について考えることであり，その時代の人間観を知ることでもある。このことはとりもなおさず，自分自身が現代を生きるということについて考えることに結びつくのである。

　歴史的状況が人格と深く結びついているといっても，この場合の「歴史」という概念には注意が必要である。ふつう歴史といえば，さまざまな出来事の連鎖として描かれる。たとえば，何年何月に大飢饉が起こったとか，ナポレオンがロシアに攻め入ったとかいうように。こうした出

来事は，たしかに社会や人々のあり方を変化させていくうえで大きな影響をもち，そのことで歴史が動く類のものである。しかしながら，それらの出来事がどれほど人間の心を規定してきたのかは疑わしい。人間の心のあり方にもっと広範囲で永続的な影響を与えているのは，むしろ歴史の表舞台に出てこない，出来事（event）にならないような日常的に繰り返される営みである。次のような例を考えてみればいいだろう。アルバムに並べられた写真は，どこかに旅行した時とか誕生会で友人が集まった時とか，日常生活とは異なったイベントの時のものが圧倒的に多い。そしてアルバムを見たときの思い出や自分史の語りは，そうしたイベントのときのエピソードにもとづいてなされる。しかしながら，私たちの人格形成に実際に大きな影響を与えているのは，そうした非日常的な出来事よりも，日常的に繰り返されていた記録にも残されず記憶にもあまり残らないような，当たり前の生活のほうであろう。それは，親がいつもどのような顔をしていたか，家の食事のときの雰囲気はどのようなものであったのかという，些細だが確実な日常である。歴史的状況と人格との関係を読み解く際に重要なものも，これと同じである。その時代時代で繰り返されていた人々の日常という歴史的事象こそが，人間のあり方を規定し人格と深く結びついているのである。

（2） メディアという「日常」

　私たちの日常を規定するものとして，メディアは無視できない。メディアとは，その単数形の medium（媒介物）という言葉が示しているとおり，何かと何かをつなぐものであり，あいだにあるものである。メディアは人間と人間とをつなぎ，また人間と世界とをつなぐ。具体的には，話し言葉，書き言葉，活字，テレビ，ラジオ，そして現代ではインターネット上の web や電子メールなどが，人と人とのコミュニケーシ

ョンを成立させ，また私たちが世界を知ることに介在している。メディアは単に，何かを代替表象（represent）するのでなく，それ自身がひとつの世界を形成する。たとえば，活字を通して表れてくる世界と，テレビを通して表れてくる世界とでは，その性質は大きく異なることは自明である。メディア論を最初に確立したともいえるマクルーハン（McLuhan, M.）の「メディアはメッセージである」という表現はよく知られている。メディアは何かを伝達するための手段だけではなく，それ自体が特定の意味内容をもっている。メディアは，ひとつのメッセージとして私たちの心のあり方に影響を与えるのである。

　マクルーハンやオング（Ong, W. J.）をはじめ多くの論者が分析しているように，16世紀に活字というメディアが登場したことが，社会を大きく変えたばかりでなく人間の心のあり方も変化させた。活字が登場するまでは，日常生活の中で言葉といえば，もっぱら話し言葉であった。もちろん文字はずっと以前から存在していたが，書物は稀少で貴重なものであったため，人々の日常生活には無縁なものであった。したがって，リテラシー（読み書きの能力）も日常生活にはほとんど必要がなかった。ところが，活版印刷の発明により，書物は大量に印刷され，人々の生活に普及するようになった。書物の普及は，人々にリテラシーを必要とせしめ，教育においてもそれが重要視されるようになった。読書（しかも黙読）という行為も一般的となってくる。すなわち，コミュニケーションや思考は，話し言葉のみを介すものではなく，書き言葉を介してもなされるようになったのである。このことが，いかに人間の心のあり方を変えるのかは，話し言葉と書き言葉との特徴を対比させるとわかりやすい。

　話し言葉のコミュニケーションでは，言葉そのものだけでなく，声の調子や身振りや態度といった情動的要素，あるいはその人の見かけな

ど，言語外の（ノンバーバルの）要素が大きく影響する。これに対して書き言葉では，情動的要素は言語化されわざわざ表現されたり文体として定位されることになり，コミュニケーションの意味を決定するものは，あくまでも書かれた言語のみである。非言語的要素による意味の干渉がないゆえ，書き言葉で重要となるのは論理性である。また，情動的要素をわざわざ言語化しなければならないことと関連して，言語表現は口頭よりも分化し洗練され，思考の細やかな分節化が可能となる。これに加え，視覚的に追われる書き言葉は，聴覚的な話し言葉と次のような決定的な違いももっている。すなわち，話し言葉は話された瞬間に消えるのに対し，書き言葉は空間に残り，読み手が文脈をもとに戻りつつ確認し熟考することを可能とする。こうした書き言葉の性質から，話し言葉では困難であった，抽象的語彙や論理的思考が可能となるのである。

　さらに，次のようなことも重要である。話し言葉の場合，言語使用場面や情報取得場面は，もっぱら対人的状況である。しかし書き言葉の場合，読書に代表されるように，言語使用や情報取得は，対人的状況から離れた「独り」の場において可能である。このことは，社会的な関わりから離れ，個室において読書をしたり日記を書いたりするという習慣を近代人に生み出した。社会的な対人的状況から離れて独りになるとき，自分を取り戻し一日の自分を振り返り，また，書物と対話をおこなうのである。こうした，自分自身に立ち返る習慣が広まったことが，近代的な「わたし」という意識を作り上げていったといわれている。このことと関連して，社会的状況の中にいる仮面をかぶった自己，独りになったときに自分に戻った「真の自己」という区別も生まれてきた。

（3）　電子メディアという状況
　現在，私たちの日常生活が，電子メディアの登場と普及によって大き

く変容しつつあるのは，疑いようのない事実である。しかしそれが，私たちの人格をほんとうに変化させるのかどうかに関しては，意見が分かれるところであろう。いつの時代でも，新しいメディアは人々からの反感を受けていた。たとえば19世紀末に電話が登場したとき，人が直接会う代わりに電話で済ませるようになって人間関係が崩れていくのではないかという危惧があった。しかしながら実際に生じたのは，会う約束をするために電話を使用することであり，むしろ人々が直接会う機会が増えることになった。これと同じく，現代でも携帯電話は，日常的に出会っている人との会話で使用されることが大半で，電話で済むから対面では会わなくなったということはほとんどない。新しいメディアを単純に批判するのではなく，実際にそれがどのように私たちの行動や習慣を変えていくのかを，きちんと見極めなければならないであろう。

　私たちの人格のあり方が，電子メディアによって形成される日常的な状況の中でいかに変化しつつあるのかは，現時点ではまだ正確には語ることはできない。しかしながら，私たちの近代的な個我意識に深く関連した前提が揺らぎつつあるのは確かである。1990年代の半ば以降，爆発的に普及したインターネットと携帯電話は，私たちが「独り」で言語を使用して思考し省察する時間の代わりに，人とコミュニケーションをおこなう時間を爆発的に増やした。私たちは電車の中のような隙間の時間にもスマートフォンや携帯電話を取り出し，誰かからの発信や通信がないかをチェックする。また，個室空間の中で私たちは，読書をしたり日記を書いたり，自己省察をしたりする代わりに，インターネット上のチャットやSNS（ソーシャル・ネットワーク・サービス）で人とつながったり，携帯電話で会話をしたりする。かつて一人の私的空間であったところに，他者とつながる公共の空間が登場しているのである。

　このような状況の中では，他者から離れた「真の自己」と他者と共に

いる「社会的な自己」といった区別は無意味となる。なぜなら「私」は、対人的状況から離れて個人に立ち返ることにあるのではなく、つねに「私」は他者との関連の中にあり、その中でこそ定義されているからである。

2. 人格のあり方は変わったか

（1） リアリティの二重性

　公共空間と私的空間との差異の再構成という事態のほかにも、電子メディアがもたらす変化は多い。電子メディアによって私たちの日常生活は、二重の意味で分断される。ひとつは時間軸の方向に、もうひとつは空間内においてである。時間軸での分断とは、次のような事象である。たとえば、モバイル端末を通して、複数の友人から頻繁にメッセージがやってくる。私たちはそれに即座に反応し返信することが一般的となっている。異なる人々との関係は、異なる対人的状況である。そのたびに私たちは「自分」を切り換え、自分の置かれる文脈（コンテクスト）を切り換えざるをえない。ある人の悲しみに同情しなぐさめたすぐ後に、別の人の喜びのメッセージに応答しなければならない。あるいは次のような例も、時間軸での分断である。テレビを視ているとき、悲しいドラマが展開するまさにクライマックスで、何の予告もなく突然に途切れ、大音量で派手なコマーシャルが飛び込んでくる。そのたびに私たちは、それまでの悲しみという感情の流れを切断し意識を切り換えなければならない。そうでなければ、この突然の変化に耐えられないであろう。私たちは連続性のある一貫した状況の中ではなく、切れ切れになった状況の中を生き抜いていかねばならなくなっている。これは、私たち人間がこれまで体験したことのなかった事態である。

もうひとつの分断，すなわち空間内での分断とは，私たちが物理的な実体として存在するリアリティと，メディアがもたらすリアリティとの二重性の中に住んでいるということである。物理的に直接感覚できるリアリティ以外にも別のリアリティにも同時に住まうというのは，私たち人間にとってたしかに本質的なことではある。たとえば，物理的制約の多い世界にいながら，私たちは想像の世界をもつことができる。今ここにないものを表象することができるからこそ，私たちは未来や過去を思い描き，予測や計画を立てることができるし，アウシュビッツを生き抜くことができる。さらに〈わたし〉という意識をもつことさえも，こうした能力が基盤となっていることは，本書でも見てきたとおりである。現在のメディアが私たちにもたらすリアリティの二重性とは，こうした私たちの能力の結果生じることではない。第14章ですでに言及したように，たとえば食卓でくつろいでいるときにも，テレビからはテロや事故，災害のニュースが飛び込んでくる。私たちが身体で生きているリアリティの空間に，別のリアリティが飛び込んでくるのである。そうしたメディアがもたらすリアリティに関して私たちは，「それは自分と関係ないこと」としてその事実を否定し，また潜在的には痛みを感じている自分の身体を否定するという，二重の否定をおこなわざるをえない。

さらに次のような例もリアリティの二重化である。明日の仕事や学業の準備をしているときに，友人から自殺を予告するようなメッセージが飛び込んでくる。しかし，そのメッセージに対して，私たちはテレビからの情報と同じように，関係ないものとして否定をおこなうことができるであろうか。おそらく，まるで命綱のように必死で携帯電話やスマートフォンを握りしめ，メッセージのやりとりをしたり，通話を試みることであろう。ほんとうは，今すぐにでも飛んで行って，傍にいてあげたい。しかし，友人がいる場所はあまりにも遠すぎる。また自分には，明

日の仕事や学業のために，差し迫った課題にとりくんでいるというリアリティがある。しかし，友人が生きるか死ぬかというリアリティに比べれば，それは些細でちっぽけなことのように思えてくる。

　このような二重のリアリティの葛藤の中では，私たちが何を大切に生きるかの主軸が混乱することは，避けられない。何百人もが亡くなるような悲惨なテロの報道を毎日のように知り，ときには数万人の命が失われる大災害の情報に接しながら，自分が生きていることの重みを感じることは難しい。世界中の悲惨な出来事に対してアクションを起こすことができない自分の無力さ，自分の存在意義のようなものが大きく揺らぎ無気力となってしまうのは，ある意味で当然のことでもある。

（2）　携帯端末と想像的対象関係

　電子メディアが浸透した日常生活が私たちの人格に与える影響のひとつとして，携帯電話のような携帯端末が私たちの対象関係に与えうる影響についても触れておきたい。携帯端末は，いつでもどこでも他者とつながることを可能とするものである。携帯電話での通話は公共的状況の中では制限されるが，それに比べてメールや SNS でのやりとりができる状況はずっと広い。しかし，このようにいつでもどこでも相手とつながれるという状況が，逆説的に，私と他者との埋めようのない溝を意識させ，孤独に直面させるということがある。たとえば，夜遅くなっても子どもがなかなか帰ってこないとか，恋人に電話をかけても通じないしメールへの返信もないという状況を考えてみよう。相手が携帯端末をもっていないという状況が一般的だったときには，「何か帰りが遅くなる理由があるのだろう」とか「またどこかで道草を食っているな」と多くの人は想像して待つことができていたはずである。しかし，携帯端末をもっている相手と連絡がとれないとなると，その不安は比べものになら

ないくらい大きくなる。いつでもどこにいても連絡がとれるはずであるのに，なぜ電話に出ないのか，なぜこちらのメッセージに返信がないのか，居ても立ってもいられなくなるくらい大きな不安が押し寄せてくる。そして，ようやく連絡がとれたときでさえ，なぜさっきは電話をとらなかったのかなぜ返信がなかったのか，相手が説明する事情さえ疑い怒りを向けるということがあるかもしれない。

　このことからもわかるように，いつでも他者と接触できるということは，結果的に相手のイメージを内的に保つことを難しくしてしまう。第9章で見たように，心理療法において面接のインターバル，すなわちクライエントがセラピストに会わないでいる時間にこそ，クライエントは内的なセラピスト像に対して語りかけ，そのことが〈わたし〉を確実なものとしていくことを思い出してみよう。相手が不在のときにこそ，私たちは相手を心の中に持つことができるのである。精神分析家のウィニコット（Winnicott, D.W.）は，乳幼児と母親との対象関係の中にその原初的な形があることを示している。現実的に十分な応答性を受け母親との安定した同一化が体験された後，しかしながら必然的に生じてくる母親の応答性のズレや不在といった状況において，子どもはぬいぐるみやお気に入りの玩具などを心の杖としながら，母親のことを想像し，来るべき愛情の注がれる時間を待つ。このようなことを経過することで，母親のイメージはだんだんと内在化され，子どもが独りでいるときにも自分の心の基盤として，内的な想像的対象として，自分を支えてくれるようになるのである。このことからわかるように，相手への信頼と自分自身への信頼とは，相手が不在のときにこそ育まれるのである。しかしながら，いつでもどこでも接触があるということは，そのような他者に対する想像力を育てるという機会を失ってしまう。また，連絡がとれるはずだと思い込むことは，他者を自己の延長だと感じる乳児的な万能感の

心性にとどめてしまうともいえる。それがゆえに，私たちはますます他者に対する疎隔感や絶対的な差異，そして孤独を感じることになるのである。

（3）　映像メディアと想像力

　映像メディアが私たちの人格に与える影響は，映画やテレビが登場したときから，さまざまに議論されてきた。第6章で紹介したバンデューラの実験では，映像に登場する人物の暴力的な行動を，子どもが模倣することがありうることを示していた。このような指摘は，メディアの内容が影響を与える例である。これに加え，マクルーハンの「メディアはメッセージである」ということに従うならば，映像メディアという形式自体が与える影響も無視できない。

　文学者であり歴史学者でもあるサンダース（Sanders, B.）は，アメリカの「ギャング」と呼ばれる子どもたちに注目する。彼らは，メディアが浸透する日常生活の中で，幼少期に養育者をはじめとする他者から十分な語りかけを受けず，学校でもリテラシーの獲得に失敗し，その結果，自分自身に反省的に語りかけたり，自分が何者であるかを自分で構成したり語ったりすることが十分にできない。彼らは代わりに，文字化される以前の口承文化の社会がそうであったように，部族集団や英雄への同一化によって自己を規定しようとする。たとえば仲間集団からあだ名を付けられ，それがそのまま彼らの呼び名となる。また，仲間集団にのみ通用するサインやシンボル，隠語，そしてドラッグによる集団的陶酔，集団に入るためのイニシエーションが，彼らのよりどころとなる。そして，映画のスクリーンの人物に同一化して銃をもつ。その銃こそがひとつのシンボルとして，彼らの自己感や世界との関係を擬似的に保証するというのである。リテラシーの獲得に失敗し，自分自身を語ること

ができず，固有の内面も失ってしまったこうした若者たちは，銃を携える「ギャング」となり，自己を見つめる「私」が希薄で反省意識や未来感覚も乏しいゆえ，銃の引き金を引くことに罪悪感や恐れをもちにくいと，サンダースは分析している。

　サンダースはさらに指摘する。このような「自己」の崩壊は，ギャングに限ったことではなく，テレビを初めとする電子メディアの急速な普及によって，私たちを襲っている深刻な事態であると。テレビは，他者から見つめられ語りかけられる機会を確実に奪っている。そして私たちが何をしていようとおかまいなしに，一方的に映像と音声の刺激を与えてくる。そこにあるのは，お互いがお互いに調節しあい成立させるコミュニケーションではなく，一方的なものである。一方的という点では書物もそうかもしれない。しかし書物とテレビが決定的に異なるのは，テレビにおいては私たちは想像力をほとんど必要としないということである。平均3.5秒で内容をめまぐるしく変えながら，私たちを映像と音声の一方的な刺激の受容者として画面の前に縛りつける。私たちはそこでは，何かを思い描く必要もないし，自分の心に生じつつあることをリフレクションする猶予もない。この状態にあまりにも長くさらされ続けることは，私たちの自己の構成に何らかの影響を与えていることは，十分に考えられるであろう。

3. 人格心理学の展望

（1） 人格という概念の危機と心理学

　本書の第1章で紹介したオルポートの人格の定義をここでもう一度振り返ってみよう。人格とは，「個人の環境への適応を決定するような心理的身体的な諸々のシステムからなる，個人の中の力動的組織である」と定義された。そして「個人の中の力動的組織」とは，心理的身体的な諸々のシステムを束ねるダイナミックな統一体として構想されていた。

　人格というものを，このように統一的で個別性があるものとみなすのは，個人（individual）を尊重し人格の一貫性を前提する近代的な考え方によるものである。たとえば，責任を追及できるかどうかという近代法の責任能力の考え方は，そうした人格の一貫性ということを前提としている。しかしながら，現代の私たちが置かれている状況は，人格の一貫性や連続性というものを成立させにくくなっていることを，この章で見てきた。むしろ，私たちをとりまく切れ切れで断片的な状況の中では，人格はむしろある程度解離的であることのほうが適応的であるとさえいえる。

　だが，私たちは次のことも忘れてはならないであろう。人格という概念は，第1章で紹介したモートン・プリンスの仕事にあったように，解離という現象を記述するときに必要とされたものであった。大変逆説的であるが，人格の統一性と連続性ということは人格の断片化と非連続性という現象を通して浮かび上がり意識されていたのである。もうひとつ着目しなければならないのは，人格の解離という現象は，現在ほど人々が生きる状況が切れ切れではなかった100年前に，すでに存在していたという事実である。現代において人格の解離や断片化ということが進む条件がたしかにあるにしても，だからといってすぐに「昔に比べて〜」

というような思考をしないことが重要であろう。では，いったい何が本質的な問題なのであろうか。

　人格とは，つきつめれば解離的なものであるといってもよいかもしれない。職場での自分，車のハンドルを握っているときの自分，家族といるときの自分，ペットと遊ぶときの自分というように，状況ごとに異なる「私」が現出するのは，むしろ当然のことともいえる。しかし，すでに本書でみてきたように，他者に対して〈わたし〉として発話するときに（第9章参照），また，言語的な虚構としての〈わたし〉を措定するときに（第7章参照），私たちは人格の一貫性と統一性を措定し，そこに責任をもつのである。したがって，現代における人格の問題とは，むしろ，人格の解離が進んでいるということよりも，人格を統一的なものとして措定するような，そうしたからくりが有効に機能しなくなったと考えるべきであろう。人格の一貫性や統一性という，一種の幻想であった前提への信頼が揺らいでいるのである。人格に一貫性を措定し，表層—深層ということで「深み」を考えていた，そうした前提が通用しなくなってきているのである。

　いずれにしてもこのことは，人格を考える心理学において，大変大きなテーマとなる。ひとつには，私たちが新たにどのような人格の概念を考えることができるかという点において，そしてもうひとつは，人格を探究するどのような手法が可能かという点においてである。前者に関しては，状況ごとに人格が異なるのがあたりまえというとき，私たちはそこに，どのような仕組みを考えることができるかということがテーマとなる。単に無秩序に異なるのではなく，状況ごとに異なる人格の現出の背後にある秩序のようなものを，探究しなければならないであろう。そしてこのときに，身体ということの意義も再考する必要があろう。どのように状況が分離しても，身体的存在としての私たちは分断はされな

い。私たちの人格をつなぐものは，まさに身体であるという，ごくあたりまえだが動かしがたい前提を含めて，人格を考えていく必要があろう。

人格心理学の新たなテーマのうちの後者，すなわち，人格の探究にどのような手法が可能かという点に関しては，次のようなことを考える必要がある。心理学的な探究というものは，人間に対して観察される行動などの現象の背後に，どのような心の仕組みと法則があるかを探究するものであった。そしてそれは，個人差への興味からくるものであった（第1章参照）。それを支える，個人は唯一無二で絶対的に他とは異なるという前提，そして個人の心の背後に表面には現れていない秘密が潜むという前提は，きわめて近代的な概念である。ところが，人格が本来，状況によって異なるものであるという前提に立ったとき，個人差とはどのように考えることができるのであろうか。また現れていない何かが人格の奥に潜むなど，心の深層と垂直性を仮定することができるであろうか。このような問題に関しても，人格心理学は取り組んでいかねばならないであろう。

（2） 終わりに

現代社会という大きな変貌を体験しつつある時代の中で，私たちが人格をどのように考え，捉えるかということは，大きなテーマである。しかし，そうした社会変貌のときにこそ，人格という概念は，新たに検討し直され，新たな人間観というものが提唱されてきたのも，歴史的な事実である。16世紀のヨーロッパ社会の混乱の中から，近代的な人格のイメージ，変容のイメージというものが生まれてきたように（第13章参照），また19世紀末の近代社会の完成と世界大戦を通して精神力動的な人格概念が発展してきたように（第11章参照），新たな人格概念は，社会状況の大きな変貌と混乱から登場し，新たな人間観を提供するもので

あった。現代において私たちが生きる世界は，それらの時代に劣らず，混迷をきわめている。その中でこそ，私たちは，人格というものをもう一度考え直していかねばならないであろう。それは，以前の時代より，ずっと難しい仕事となるかもしれない。というのも，先の２つの時代では，人間の生きるコンテクストが混乱するにしろ，私たちにとっての実在的なリアリティはしっかりあった。身体を携えて生きる世界が確実に中心にあり，そこに提供される別の世界のリアリティは，伝聞によるものであり書物によるものであるにすぎなかった。そこでは，まだ，私たちは想像力を働かせ，自分が現に生きる世界の主軸を通して，それらを眺めることができていた。しかし現代では，その主軸こそが揺らいでいる。この中から，どのような人格概念と人格の探究が生まれてくるのか。それらは，これからの人格心理学が取り組まねばならない課題であり，私たち自身にとっての課題でもある。

引用・参考文献

McLuhan, M.（1964）*Understanding Media : the Extensions of Man*. Routledge.
　（邦訳：栗原裕，河本仲聖訳（1987）『メディア論：人間の拡張の諸相』みすず書房.）

Ong, W. J.（1982）*Orality and Literacy—the Technologising of the World*. Methuen & Co. Ltd.
　（邦訳：桜井直文他訳（1991）声の文化と文字の文化. 藤原書店.）

Sanders, B.（1994）*A is for Ox : Violence, Electronic Media, and the Silencing of the Written Word*. Pantheon Books.
　（邦訳：杉本卓訳（1998）本が死ぬところ暴力が生まれる：電子メディア時代にお

ける人間性の崩壊．新曜社．）

Winnicott, D. W.（1958）The Capacity to be Alone. *International Journal of Psycho-analysis*, 39, 416-420.

学習の ヒント

・会話するときに自分が使用しているノンバーバル（非言語的な）コミュニケーションを，少し意識してみよう。

・「もし文字がなかったら…」と，文字がない世界を想像してみよう。そこでは，現在のように文字があることが当たり前の世界と，どのような点で異なるだろうか。

・自分の生活において，テレビ，携帯電話，スマートフォンといった電子メディア機器が，どのような位置づけにあるかを考えてみよう。特に，スマートフォンや携帯電話をもつようになって，自分の心のあり方がどのように変化したか，あるいは変化しなかったか，考えてみよう。

・テロや事故，大災害で多くの人々の命が奪われたというニュースが飛び込んできたとき，あなたは，そのニュースをどのように受け止めているだろうか。そのときの自分の行動や反応を，心理学的に分析してみよう。

索引

●配列は五十音順，＊は人名を示す。

●アルファベット

Bühler, C.＊　118

DSM（精神疾患の診断と統計のためのマニュアル）　161

EMDR（眼球運動による脱感作と再処理法）　169

FBI 効果　23

fMRI　66

ICD（疾病及び関連保健問題の国際統計分類）　161

MMPI（ミネソタ多面的人格目録）　46

NIRS　66

PTSD　227

SNS　240

S-R 図式（刺激—反応図式）　157

TAT（主題統覚検査）　51

●あ 行

アイゼンク（Eysenck, H.J.）＊　30

愛着　102

アイデンティティ　210

アイヒマン実験　85

アヴェロンの野生児　90

アウシュビッツ　228

『赤の書』　182

アクスライン（Axline, V.M.）＊　204

アダルト・アタッチメント・インタビュー（AAI）　106

アッシュ（Asch, S.E.）＊　78, 83

アニマ　184

アニムス　184

アマラとカマラ　90

アリエス（Aries, P.）＊　128, 136

アルベド（白化）　217

安全基地　105

アンドロジニー（両性具有）　71

アンナ・フロイト（Freud, A.）＊　36

一卵性双生児　93

一般的知能　93

遺伝　23, 89

遺伝と環境の相互作用　93

イニシエーション　209

いま・ここ　232

イメージの世界　112

因子分析　31

陰性症状　165

インターネット　240

インテイク面接（受理面接）　192

隠蔽記憶　111

ウィニコット（Winnicott, D.W.）＊　244

内田・クレペリン精神作業検査　44

内田勇三郎＊　44

うつ病　165

姥捨山　133

運動野　63

エインズワース（Ainsworth, M.D.S.）＊　104

エス（Es）　37, 183

エディプス期　113

エネルギー保存則　173

エリクソン（Erikson, E.H.）＊　126

エルピス　138

延髄　62

延滞模倣　96

オイディプス王　114

オーグスティーヌ＊　176

大村政男＊　23

置き換え　36

オスカーとジャック＊　93

オルタナティヴストーリー　145

オルポート（Allport, G.W.）＊　14, 29, 60, 78, 247

オルポートの人格の定義　14, 247

音楽療法　202

オング（Ong, W.J.）＊　238

●か　行

外因　160

絵画療法　201

『快感原則の彼岸』　180

ガイダンス　188

海馬　64

解離　247

解離性同一性障害（多重人格性障害）　165

カウンセリング　188

課題絵画法　201

かたり　142

仮定された類似性　80

カリカック家　91

ガル（Gall, F.J.）＊　19, 62

カルフ（Kalff, D.M.）＊　201

ガレノス（Galenus）＊　13

河合隼雄＊　135, 201

感覚記憶的　167

環境　15

環境因　161

環境主義　19

観察学習　98

観察法　41

間主観的かかわりあい　100

間脳　62

書き言葉　238

聴き手　148

気質（きしつ，temperament）　12

希望　127

虐待　106

キャッテル（Cattel, R.B）＊　30

ギャング　246

キャンベル（Cambell, J.）＊　209

嗅覚野　63

急性ストレス障害（ASD）　168

キュブラー・ロス（Kübler-Ross, E.）＊　137

虚偽尺度　47

共感的理解　190

共時性　186

橋（脳）　62

強迫性障害（強迫神経症）　164

恐怖症　163

共鳴　95

教養小説（Bildungs Roman）　206

局在論　19, 62

局所論（第一局所論）　34, 177

去勢　117

ギルフォード（Guilford, J.P.）＊　46

ギンズブルグ（Ginzburg, C.）＊　178

グリム童話　212

グレートマザー（太母元型）　184

クレッチマー（Kretschmer, E.）＊　25

クレッチマーの類型論　25

クレペリン（Kraepelin, E.）＊　44

グロスマン（Grossman, D.）＊　225

桑原武夫＊　135

群衆心理　83

経験論　19

携帯電話　240

ゲーテ（von. Goethe, J.W.）＊　207

血液型性格判断　23

ケリー（Kelly, G.）＊　68

元型（アーキタイプ）　184, 211

言語的自己感　101

言語的能力　93

言語野　63

『賢者の薔薇園』　214

公共空間　241
考古学　177
孔子＊　135
恒常性維持　157
口承文学　210
構成主義　67
構造化面接　42
構造論（第二局所論）　37
行動主義　91, 226
後頭葉　63
合理化　36
コーシャスシフト　87
個我意識　240
心の補償機能　159
『古事記』　212
個人差　11, 159, 249
個人の意味構成　68
コスタ（Costa, P.T.）＊　31
ゴダード（Goddard, H.H）＊　91
骨相学　19, 188
個別的反応　29
コペルニクス的転回　176
コメニウス（Comenius, J.A.）＊　218
コラージュ法　202

●さ　行
ザイアンス（Zayonc, R.B.）＊　80
最早期記憶　110
催眠　33, 174
坂部　恵＊　146
作業検査法　44
査定（アセスメント）　41, 55
サリヴァン（Sullivan, H.S.）＊　60, 119
サリヴァンの人格の定義　60
サルペトリエール病院　174
『三四郎』　207
サンダース（Sanders, B.）＊　245

参与観察　42
死　136
ジェノサイド　223
シェリフ（Sherif, C.）＊　72, 84
シェルドン（Sheldon, W.H.）＊　25
ジェンダー　70
自我（Ich）　37, 64, 156, 179, 207
視覚野　63
自我体験　118
自己一致　190
自己の社会的構成　69
時制の使用　112
実存分析　231
質問紙法　45
私的空間　241
死の準備の5段階　137
下村湖人＊　207
シャーロック・ホームズ　178
社会恐怖（対人恐怖）　163
社会構成主義　69
シャルコー（Charcot, J.M.）＊　174
自由絵画法　201
習慣的反応水準　31
終結　199
集合的無意識　182
集団極性化　87
周辺的特性　79
収容ショック　230
自由連想　33, 176
主訴　192
主体の一貫性　151
循環模倣　96
準拠集団　82
生涯発達　129
情動調律　101
小脳　62
症例シュレーバー　173

『次郎物語』 207
心因 160
人格検査法 43
人格陶冶 206
人格の一貫性 248
人格の実在次元と認知次元 48
人格の補償作用 28
神経症 162
新生自己感 100
新生児模倣 95
深層／表層メタファ 177
人体計測 224
身体表現性障害 165
心的外傷後ストレス障害（PTSD） 168
心的現実 35
親密性 127
心理療法 107, 142, 150, 161, 189, 231
神話 210
スクィグル（なぐりがき法） 201
スコルニック（Skolnick, A.）＊ 107
スサノオ 213
スターン（Stern, D.N）＊ 99
ステレオタイプ 78, 174
ストー（Storr, A.）＊ 186
ストーナー（Stoner, J.A.F.）＊ 86
ストックホルム症候群 81
ストレンジ・シチュエーション 104
スピッツ（Spitz, R.A.）＊ 102
スフィンクス 114
性格（character） 13
生気情動 100
性差 69
精神疾患 159
精神病 162, 165
精神分析 18, 34, 98
『精神分析運動の歴史』 182
性的エネルギー 173

生理的欲求 155
脊髄 62
セラピスト 150, 244
セルフ（自己） 18
セルフ（自己）※ユングのセルフ 185
前意識 34
前思春期 118
先天性梅毒 173
前頭前野（前頭連合野） 64
前頭葉 63
『千と千尋の神隠し』 119
線分の比較判断課題 83
躁うつ病 165
双極性うつ病 166
双極性障害 166
相互性 126
即時模倣 96
側頭葉 63

●た　行
第一次反抗期 111
対人スキーマ 77
体性感覚野 63
第二次性徴 118
大脳（終脳） 62
大脳辺縁系 64
大脳新皮質 62
代理強化 71, 98
代理母の実験 102
多重性人格障害 17
ダリィ（Darley, J.M.）＊ 86
単極性うつ病 166
単なる接触の効果 80
知覚の自動運動現象 84
知性化 36
父の名（否） 116
チャムシップ 119

中核自己感　100
中心的特性　79
中年期　129
中年期の課題　130
中脳　62
徴候学的パラダイム　178
超高齢化社会　135
調査者のバイアス　43
超自我（Über-Ich）　38
治療枠　194
定型曲線　44
デカセクシス　138
デカルト（Descartes, R.）＊　218
適応　16, 180
テストバッテリー　55
手無し娘　211
『デミアン』　208
テレビ　246
テロリズム　221
転移　197
転換性障害　164
電子メディア　239
同一化　24, 82
投影（投射）　36
投映法　48
統合失調症　61, 130, 154, 165, 179, 196
頭頂葉　63
『遠野物語』　211
『トーテムとタブー』　180
特殊反応水準　31
特性語　29
特性水準　31
特性論　29
トマス（Thomas, J.）＊　177
ドミナントストーリー　145
トラウマ（心的外傷）　167, 180
トリックスター　184

●な　行
内因　160
内的ワーキングモデル　104
ナチス　227
夏目漱石＊　207
ナラティヴ　142
ナラティヴセラピー　144
ナラティヴ心理学　68
ニグレド（黒色状態）　215
二重の「私」　147
認知症　134
認知スキーマ　104
認知行動療法　168
認知的不協和　81
脳の局在論　62
脳の高次機能　62
脳のシナプス　66
ノンバーバル　239

●は　行
パーソナリティ心理学　10
バーナム効果　23
ハーロウ（Harlow, H.F.）＊　102
排除　179
ハイダー（Heider, F.）＊　82
ハイデガー（Heidegger, M.）＊　137
バウム法　52, 196, 201
箱庭療法　200
発達の漸成説　126
バッファー項目　47
話し言葉　238
パニック障害　163
バハオーフェン（Bachofen, J.J.）＊　184,
　208
薔薇十字団　218
バランス理論　82

バルテス（Baltes, P.B）＊　129
バンヴェニスト（Benveniste, E.）＊　147
半構造化面接　42
バンデューラ（Bandura, A.）＊　96, 245
反動形成　36
反応内容・反応領域・反応様式　50
反復強迫　179
非言語療法　200
非構造化面接　42
ヒステリー　33, 163, 172
ビック・ファイブ　31, 59
人―状況論争　59
否認　36
ヒポクラテス（Hippocrates）＊　12
肥満型　25
描画法　51
表現療法（芸術療法）　200
表情模倣　95
広場恐怖　163
ビンスワンガー（Binswanger, L.）＊　231
不安発作　164
フィードラー（Fiedler, F.E.）＊　79
風景構成法（LMT）　52, 120, 201
フェスティンガー（Festinger, L.）＊　81
フェレンツィ（Ferenczi, S.）＊　181
フックーヘルムート（Hug-Hellmuth, H.）＊
　203
普遍的無意識　182
フラッシュバック　167, 180, 227
フランク（Frank L.K.）＊　48
フランクル（Frankl, V.E.）＊　229, 231
プリンス（Prince, M.）＊　17, 247
古川竹二＊　23
フレームワーク　145
フロイト（Freud, S.）＊　27, 110, 172
フロイトの人格理論　232
フロイトの類型論　27

文化的レンズ　72
平衡理論（原理）　157
ヘッセ（Hesse, H.）＊　207
ベム（Bem, S.L.）＊　71
ベム性役割尺度（BSRI）　72
ペルソナ　11
ベルタランフィ（von Bertalanffy, L.）＊
　157
偏見　78
扁桃体　64
防衛機制　36, 157
傍観者効果　86
ボウルビィ（Bowlby, J.）＊　102
補償機能　131
補償作用　28
ボス（Boss, M.）＊　231
ポスト・トラウマティック・グロース（心
　的外傷後成長）　169
ポストマン（Postman, L.）＊　78
ボスニア・ヘルツェゴビナ紛争　223
細長型　25
ホロコースト　227
本質主義　70

●ま 行
マートン（Merton, R.K.）＊　82
マクルーハン（McLuhan, M.）＊　238, 245
マズロー（Maslow, A.H.）＊　156
マックレー（McCrae, P.R.）＊　31
マニエリスム　218
『魔の山』　207
マン（T. Mann, P.）＊　207
味覚野　63
ミシェル（Mischel, W.）＊　59
ミス・ビーチャム　17
見立て　193
ミッキーマウス　18

ミルグラム（Milgram, S.）＊ 84
民話 210
無意識 33, 172
無条件の肯定 190
無様式知覚 100
メイン（Main, M.）＊ 106
メディア 237
メメント・モリ 136
メルクリウス 215
メルツォフ＆ムーア（Meltzoff & Moore）
 95
面接のインターバル 151, 244
面接法 42
『モーゼと一神教』 179
モデリング 98
モニタリング 120
喪の作業 139
モラトリアム 129

●や 行
矢田部・ギルフォード性格検査（YG 法）
 46
矢田部達郎＊ 46
遊戯療法（プレイセラピー） 203
遊戯療法のための８つの原理 204
優生学 92, 229
夢 34
ユング（Jung, C.G.）＊ 27, 130, 181, 208,
 214
ユングの類型論 27
陽性症状 165
抑圧 34, 179
欲動 34
欲望 155
欲求と欲求不満 154
欲求の５段階 156

『夜と霧』 230

●ら 行
来談者中心療法 190
ライフサイクル 125
ラカン（Lacan, J.）＊ 116, 179
『羅生門』 143
ラタネ（Latane, B.）＊ 86
リアリティ 27, 242, 250
リアリティ（の二重性） 242
力動論 33
リスキーシフト 87
リテラシー 238
リビドー 27, 182
『リビドーの変遷と象徴』 182
リミットセッティング 194
類型論 24
ル・ボン（Le Bon, G.）＊ 83
ルワンダの大虐殺 223
レヴィンソン（Levinson, D.J.）＊ 126
歴史 236
錬金術 214
連合野 63
連想実験 182
老賢者 133, 185
老年期 129, 133
ロールシャッハ法 49
ロゴテラピー 233
ロジャース（Rogers, C.R.）＊ 190
ロジャースの３原則 190
ロビンソン・クルーソー 144

●わ 行
ワーキングモデル 145
ワトソン（Watson, J.B.）＊ 91

著者紹介

大山　泰宏（おおやま・やすひろ）

1965年　宮崎県に生まれる
1997年　京都大学大学院教育学研究科博士課程修了
現在　　京都大学大学院教育学研究科准教授，博士（教育学）
専攻　　心理臨床学
主な著書　境界例・重症例の心理臨床（共著，金子書房）
　　　　　心理療法と因果的思考（共著，岩波書店）
　　　　　セラピストは夢をどうとらえるか――五人の夢分析家による
　　　　　同一事例の解釈（共著，誠信書房）
　　　　　日常性の心理療法(連載全13回)（こころの科学，113-125）
　　　　　ほか

放送大学教材　1118153-1-1511（テレビ）

改訂新版　人格心理学

発　行　　2015年3月20日　第1刷
　　　　　2017年1月20日　第3刷
著　者　　大山泰宏
発行所　　一般財団法人　放送大学教育振興会
　　　　　〒105-0001　東京都港区虎ノ門1-14-1　郵政福祉琴平ビル
　　　　　電話　03（3502）2750

市販用は放送大学教材と同じ内容です。定価はカバーに表示してあります。
落丁本・乱丁本はお取り替えいたします。

Printed in Japan　ISBN978-4-595-31539-8　C1311